Chengshi Wenhua Shiyu Xia
Ningbo Shishang Jingji Fazhan Yanjiu

城市文化视域下
宁波时尚经济发展研究

冯盈之 / 等著

ZHEJIANG UNIVERSITY PRESS
浙江大学出版社

图书在版编目(CIP)数据

城市文化视域下宁波时尚经济发展研究 / 冯盈之等著. —
杭州:浙江大学出版社,2017.6
ISBN 978-7-308-16987-5

Ⅰ.①城… Ⅱ.①冯… Ⅲ.①城市文化—关系—区域
经济发展—研究—宁波 Ⅳ.①F127.553

中国版本图书馆 CIP 数据核字(2017)第 130844 号

城市文化视域下宁波时尚经济发展研究

冯盈之 等著

责任编辑	杨利军　沈巧华	
责任校对	丁沛岚　张培洁	
封面设计	春天书装	
出版发行	浙江大学出版社	
	（杭州市天目山路 148 号　邮政编码 310007）	
	（网址:http://www.zjupress.com）	
排　　版	浙江时代出版服务有限公司	
印　　刷	杭州杭新印务有限公司	
开　　本	710mm×1000mm　1/16	
印　　张	7.25	
字　　数	123 千	
版 印 次	2017 年 6 月第 1 版　2017 年 6 月第 1 次印刷	
书　　号	ISBN 978-7-308-16987-5	
定　　价	35.00 元	

浙江纺织服装职业技术学院课题组

冯盈之　吴　颖　吕秀君　聂　沛　夏春玲
毛　明　杨文明　张　艺　张劲英　魏　明

前　言

　　城市文化作为庞大的社会系统,是经济运行重要的环境支撑要素。党的十八届三中全会审议通过的《中共中央关于全面深化改革若干重大问题的决定》提出:"推进丝绸之路经济带、海上丝绸之路建设,形成全方位开放新格局。"宁波是东南沿海古老文明的港口城市,古代海上丝绸之路始发港之一。当今,宁波的城市建设目标是打造"国际港口名城",因此其国际化的时尚形象和影响力不可或缺。然而,宁波的城市文化长期处于粗放型经济的影响之下,城市时尚风格定位和文化特色培育是城市综合竞争力提升的瓶颈制约。

　　文化也是现代经济产品中的价值要素。文化构成经济产品重要的观念价值,除满足消费者基本需要的物理属性之外,文化产品还包含能与一些社会群体的精神追求或文化崇尚产生共鸣的无形附加物。作为现代都市理想的产业群,时尚产业通过提高产品的观念价值,使产品成为文化意义的承载者,体现产品的精神追求和文化崇尚,从而占领市场并获得较高利润。因此,对时尚经济进行研讨,仅对某个时尚产业的生产、零售和消费品牌进行研究是远远不够的,需要对文化这一特殊的要素进行分析。

　　由此,我们主要从以下几个方面做了探索:①深入研究城市文化与时尚经济的关系,提炼城市文化助推时尚经济发展的国际经验与一般规律。通过案例分析,揭示不同个性的城市文化与时尚经济协同发展的成功经验,为本地区的城市文化与时尚经济协同发展提供重要且有实际参考价值的材料。②对典型案例进行研究,提炼城市文化视域下宁波时尚经济发展的实践特色。以处于宁波时尚经济发展前沿的服装业、文创业、会展业等领域为典型案例进行研究,分析城市文化与时尚产业相互影响的具体途径和环节要素,提炼城市文化视域下宁波时尚经济的发展特色。③提出城市文化视域下宁波时尚经济发展的对策建议。通过上述对城市文化与时尚经济协同发展的研究,提出宁波城市文化与时尚经济协同发展的路径和对策建议,尤其是提出宁波时尚产业人才建设现状与发展对策,分析宁波时尚产业人才队伍的现状及原因,提出加快推进宁波时尚产业人才队伍建设的对策措施。

　　希冀我们的研究,对于宁波以城市文化建设为引擎,提高经济社会发展质量和城市文化影响力有所助益;同时对宁波时尚经济的发展具有现实的指导意义。

浙江纺织服装职业技术学院课题组

2017 年 3 月

目　录

导　言

　　清晨,从你站在衣橱前面,挑选今天最佳着装的那刻起,时尚就已经在你身上体现得淋漓尽致了。当然,作为个体的我们更在意的是服装是否时尚,是否美观,是否出自某个品牌的设计,等等。无形中,你的行为已经成为时尚产业发展的强大推力。

　　时尚,这一城市的代名词,早已融入城市文化发展之中,它之所以能够形成一种产业,是因为它早已不是一种单纯的普遍化的社会元素。每种都市时尚都有与之对应的产业衔接,而产业又把时尚推广开来,并扩散为一种经济效应,结合城市文化使之成为一个城市的象征。

　　改革开放以来,我国经历了一次又一次模仿型的排浪式消费热潮,每次热潮都引发了相关产业的结构性调整。随着物质生活水平的提高,我国诸多大城市的排浪式消费即将接近尾声,随之而来的将是个性化、体验式消费的兴起。但是仅从时尚经济最前端的产业之一——服装产业来看,我国的时尚产业发展并不十分理想。与成熟的国际化大都市相比,我国的时尚产业明显处于起步阶段,与规模化、系统化标准相距甚远。在 2017 年 BRANDZ 全球最具价值品牌百强榜中,中国只有 14 个品牌上榜,而且 50% 为银行保险行业的品牌,科技、零售行业的品牌只有腾讯、阿里巴巴、百度、华为等四个。如今,面对国内消费者热捧国外时装、化妆品、电子产品等的现状,细细地打量我们衣食住行中种类繁多的时尚产品,我们不禁要嘘唏,偌大的中国市场,我们自己的时尚品牌在哪? 它们又能在世界这个大舞台上生存多久?

　　放眼望去,大批的国际品牌为尽早占领市场,不断向发展中国家灌输自己的品牌与城市文化,为其时尚经济走向成熟奠定基础。我国各大城市想要在这样竞争激烈的经济格局中寻求一席之地,就必须在紧跟发达国家步伐的同时,以自身文化为基石创造出属于自己的真正的时尚品牌。

第一章　城市文化与时尚经济发展关系研究

第一节　时尚经济

一、时尚经济的概念

"时尚"源自"fashion"一词,是个地地道道的"舶来品"。关于时尚,存在着多种解释,因为它跨越的领域广泛,从服装、首饰、化妆品、消费类电子产品,到科技、教育、创意、零售等都有时尚的身影。《中国时尚产业蓝皮书2014—2015》为"时尚"一词给出了较为确切的定义:时尚是指在一定时期和特定的社会文化背景下,流传较广的一种生活习惯、行为模式及文化理念[①]。

当人们有了时尚理念和时尚需要时,就产生了时尚产品;当时尚产品的生产实现了工业化时,就形成了时尚产业。对于时尚产业,不同的研究者有着不同的定义。《中国时尚产业蓝皮书 2014—2015》将时尚产业定义为"通过工业和商业化方式所进行的时尚产品和时尚服务的设计、采购、制造、推广、销售、使用、消费、收藏等一系列经营性活动的总称"。周禹鹏认为,时尚产业是对各类传统产业资源要素进行整合、提升、组合后,满足不断产生的时尚消费而形成的产业集群,是文化创意产业向商业化、社会化的进一步延

伸,兼具二、三产业融合的属性。① 高长春则认为,时尚产业是以消费时代人们的精神及文化等需求为基础,设计、制造、推广、销售具有时代先进性的并装饰、美化人生活的产品或服务的企业组织及其在市场上的相互关系的集合。② 综上所述,时尚产业是一种跨行业、跨部门、跨领域重组或者创建的新型产业集群,是在对各类传统产业资源要素进行整合、提升后,加入不断产生的时尚消费元素而形成的产业集群。

当时尚融入经济各部门和社会各阶层,融入人们的价值体系、文化内核、精神理念,成为国家或地区的标志时,当时尚创意、时尚设计引领时尚制造、时尚流通、时尚消费,并渗透、交会、扩延到其他部门领域时,时尚产业也就成了一种新型的经济形态——时尚经济。时尚经济,是指与时尚产业相关的一系列经济活动和经济形态的总称,但它又不是时尚产业简单机械的组合,而是与时尚产业在双向互动、交叉融合中形成的具有广阔发展前景的全新的产业经济形态。它是以时尚创意为主要特质,以时尚产业为内容产业,以时尚文化为社会经济内涵,以时尚智力和时尚知识为纽带的一种体系。时尚经济是经济转型中的一种新经济形态,是区别于传统工业经济的"注意力经济""眼球经济""体验经济"和"美丽经济"。

纽约是时尚经济典型的代表城市。纽约,是美国服装产业的中心,也是世界时尚之都。纽约的曼哈顿有大量人员从事和时尚有关的行业,从设计到制造,再到营销,诸多精英时尚人士在这里汇集。世界著名的时尚杂志 *VOGUE*,象征了时尚界的顶级权威,带动着纽约时尚经济的发展。

在纽约,有发达的网络信息系统、完备的物流仓储系统、开放的创新环境,这一切决定了纽约时尚经济走向成熟的必然性。纽约烙印着岁月的符号,承接着现代城市的时尚,同时,我们也看到了纽约时尚经济在走向壮大、成熟之路上经历的波折与其自身的努力。从 20 世纪 30 年代新一代的天才时装设计师脱颖而出,到第二次世界大战期间产业调整与转型给时尚产业发展带来的绝对机遇,再到 1973 年法国凡尔赛宫秀场上华丽的转身,纽约成功地将其城市文化的特别之处带入大众消费市场,将时尚发展为一种经济形势,并依靠这种经济形势在世界市场上夺得一席之地。

---

① 张宝珍. 时尚产业是文化科技创意综合体现[N/OL]. 城市导报,2009-12-04[2016-06-03]. http://citynews. eastday. com/csdb/html/2009-12/04/content_19232. htm.

② 高长春. 时尚产业经济学新论[M]. 北京:经济管理出版社,2014.

二、时尚经济的基本特质

时尚经济不同于传统经济,它是一种具有广阔的发展前景的全新的产业经济形态,它不仅涉及文化和心理层面的意义体系,而且具有独特的内在特征。主要表现在以下几个方面:

（一）高创意

创意性是时尚产业和时尚经济最重要的特质和表现形式,时尚经济的核心就在于创意。随着社会化大生产时代的到来,人们的物质文化生活越来越丰富,人们已开始热衷于追求产品的差异化。为满足大众需要,社会生产也越来越建立在个性化与多元化的基础之上,于是创意生产和时尚产业逐渐兴起。

（二）高附加值

高附加值是时尚经济一个显著的特征。时尚产业的核心竞争力在于概念设计、快速反应、技艺与品质、时尚表达、品牌推广等方面,属于高智力、高技术投入的高端服务业,因此时尚产业具有比传统行业更大的利润弹性,附加值更高。

（三）高品牌效益

时尚行业发展到一定阶段,品牌显得尤为重要,品牌寄托着时尚的核心价值,代表着消费者对公司产品和服务的认可。一方面,品牌是时尚经济获得高附加值的源泉;另一方面,品牌直接面对渠道销售的终端,是企业产品推广最直接、最有力的武器,良好的品牌效应能使一个企业迅速打开市场,提高知名度。国际化大都市时尚经济的发展正是通过这两种方式来开拓国外市场,获得高额利润的。

（四）高体验性

时尚经济已经不再局限于时尚产业及其经济活动,它更加关注在购物时给消费者带来的细节上的服务体验。时尚品本身的艺术化决定体验性是时尚产品的重要特征。体验式的商业模式是一个动态化的商业模式,一个服务性的商业模式。要想吸引消费者,提高体验性是一种途径,更是一种持久的手段。

（五）高忠诚度

互联网的高速发展使得人们很难对某个品牌保持长久的忠诚度。时尚经济作为一种系统的经济发展模式,着重于从文化上打造品牌影响力,培养人们的理性消费与认知消费。从服务培养消费忠诚度入手是时尚经济降低成本的重要策略,也是时尚经济与传统经济模式的重要区别。

三、我国时尚经济的发展

时尚经济起源于西方发达国家,并随着其经济的不断发展而走向成熟。近年来,世界经济逐渐实现一体化、扁平化,发达国家时尚潮流完全引导世界时尚产业的局面也在悄然发生变化。

当前我国城市时尚产业发展仍然不成规模,在世界上的地位更是微乎其微。时尚产业优先发展的北京、上海、广州及浙江部分地区都在进一步努力寻求创新之路,以搭上时尚经济这趟列车,从而在时尚经济带来的丰厚效益中分得一杯羹。总体来说这些地区的时尚产业处于高速发展与转型的关键时期,需进一步加大投入产出力度,尽快地抢占世界市场。但凡时尚经济发达的城市必须具有优质高速的设计研发中心、畅通无阻的信息发布中心、时尚展示中心、产业链集聚中心。我国各大城市在大力发展时尚经济、向时尚经济大都市靠拢过程中,应"取其精华,去其糟粕",创造适合自身文化需求的时尚经济网络。

以我国首都——北京为例,其服装等设计类院校起步较晚,直到 20 世纪 80 年代才开始发展。虽然是首都,但由于受传统观念的影响较大,20 世纪以前的北京无论是在经济改革还是在时尚产品的设计上都不够大胆。发达国家文化的渗透让整个中国备感压力。在 2004 年 11 月《北京城市总体规划(2004—2020 年)》发布前后,一批相关建设项目陆续落户北京,设计师、工作室集群,国际商贸中心相继建成。转眼间十多年过去了,当初孤立的硬件设施借助于时尚媒体这一软件工具扶摇直上。2012 年,中国经济网《文化名人访》栏目组特地对北京时尚产业的发展做了一番探讨。其中,赵士林教授谈到时尚时说:"时尚必然离不开本土文化,时尚是文化的制高点,是文化的亮点,而文化既是时尚的底蕴,又是时尚的基础。"国家发改委宏观经济研究所所长左传长认为,北京文化底蕴非常深厚,再加上现代的引领,当下发展时尚产业经济,恰逢其时,北京应当抓住这一历史机遇,在时尚经济发展之路上迈步向前。

第二节　城市文化

一、城市文化的概念

城市是一定非农业人口的聚集地和一定层级的地域、经济、政治、社会和文化中心,是人类社会创造出来的完全不同于乡村的聚居方式。城市的出现,代表着一种新的文化情境的开始。城市是一个社会发展的中心,是文化的载体,同时也是文化的结晶,更是孕育文化的摇篮。我国城市哲学家任平认为:"认识一个城市,就是要认识这一城市的文化与文明,认识城市人的共同的或有差异的生活风格、行为方式、道德观念与价值向度。"①城市实际上是一种文化形态,是文化的体现,而文化就是城市的灵魂。世界上的城市千差万别,其根本的差异就是各个城市所体现的文化的千差万别。②

关于城市文化,英国文化人类学家泰勒给出了经典的定义:人类生活于社会组织中所具有的知识、信仰、艺术、道德、法律、风俗和一切城市社会所获得的任何能力及习惯。城市文化是随着城市的产生、发展而形成的,地理环境、交通条件、繁荣程度、人文底蕴都是其产生的土壤。一个城市受自然环境和人文环境的影响越是多样化,城市的集聚特性就越复杂、越有个性,城市也因此拥有自己独特的文化性格和文化形象。城市的文化特性是城市间的民族差异、历史差异、传统差异、宗教差异等的体现,是城市应保存的有价值的文化内涵,也是一个城市得以延续的重要内容。③

二、城市文化的构成要素

城市文化作为城市公共生存状况、行为方式、精神特征及城市风貌的总和,具有以下主要构成要素:

（一）地理环境

城市的地理环境是城市文化所表现出来的物质形态,是形成城市文化的基础,它包括城市所处的位置以及由地理位置所决定的气候、地形、土壤等。地理位置自古以来都是城市选址考虑的重要因素之一,依海优势使得

---

① 任平.时尚与冲突——城市文化功能与结构新论[M].南京:东南大学出版社,2000.
② 姚朝文.城市文化教程[M].南京:南京大学出版社,2014.
③ 诸山.生态学视阈下的城市文化[M].南昌:江西人民出版社,2010.

贸易可以盛行,傍山优势可以使旅游或者采矿盛行,这些都有利于城市的崛起,于是城市文化便在此形成。

（二）历史基础

历史发展过程中必然会给城市留下历史文化遗产,除了历史文化名城、名镇、名村以及历史街区、历史建筑和文物古迹等物质文化遗产,还包括非物质文化遗产。历史文化是城市文化极其重要的组成部分,它来源于历史资源,包括历史朝代更替、历史事件、历史灾难、历史工程、历史记载、历史文物以及考古成果等。

（三）物质生活

物质生活条件是指城市居民的物质生活赖以存在和发展的物质要素的总和。它包括居民的收入、城市的基本建设、商贸经济、文化设施等。

（四）民俗风情

民俗风情是特定社会文化区域内历代人们共同遵守的行为模式或规范。"百里不同风,千里不同俗",风俗具有多样性。人们往往将由不同的自然条件而造成的行为规范差异称为"风",而将由不同的社会文化造成的行为规则称为"俗"。民俗风情涉及面极广,涵盖了生产劳动、日常生活、岁时节日、民间观念、宗教信仰、婚丧嫁娶等方方面面。

（五）社会风尚

社会风尚即社会风气,是社会经济、政治、文化、道德状况的综合反映,是人们所展现出来的总体的精神面貌,一个城市的社会风尚是这个城市文化的一个重要体现。小到遵守交通秩序、礼让排队,大到热爱祖国、无私奉献,社会风尚从来都是一个城市文化与文明的象征。

第三节　城市文化与时尚经济的关系

世界上形形色色的城市数不胜数,生活在不同城市的人们,呼吸着不同的空气,说着不同的语言,交流着彼此的感情,完成属于自己的工作,他们的活动使得每一个城市呈现出不同的色彩,形成了城市独有的文化特色。这些文化特质经过岁月的沉淀,最终成为一个城市的灵魂。有人说巴黎承载浪漫,有人说里约演绎热情,也有人说纽约代表时尚。需求产生供给,城市文化的不同产生了人们对时尚需求的不同,孕育出了时尚产业的多样化与勃勃生机,时尚经济应运而生。

一、文化与经济发展的关系

古往今来,文化与经济都是密不可分的,文化是在经济发展过程中形成的,经济是文化的前提和基础,文化又会反作用于经济。不同的文化对经济的影响不同,对社会发展的作用也不同,用马克思主义理论来解释经济与文化的关系就是经济基础与上层建筑之间的关系。生产力越发达,经济与文化之间的关系就越密切,但一定时期的文化必然要适应当前的经济发展。只有发达的经济而没有先进的文化并非真正的强大;如果只谈经济而不谈文化,经济发展必定也不能持久,就一国而言如此,就一个城市而言亦是如此。

文化作为一种意识形态依附于经济并渗透于经济的全过程,从经济活动中的人到对经济活动的处理,从产品的设计、生产到产品的交换无不渗透着文化。文化因素渗透到经济活动中,致使物质生产的产品和服务逐渐艺术化,如服装、家具、建筑、食品、旅游、商业等产品和服务,越来越受到文化的感染和支配,这种现象在包装、设计、装潢、广告宣传等诸多经济环节表现得尤为明显。

(一)文化可以推动经济不断增长

在现代经济中,教育、科技等文化因素已经成为经济增长的主要源泉。教育能直接提高劳动者的技术水平和管理水平,科技的进步则意味着人们在社会生产中不断采用新技术、新工艺、新材料,意味着生产的机械化、自动化和现代化,这将提高劳动者的技术装备水平,使劳动者能够掌握数量更多、效能更高的生产资料,从而大幅度地提高生产经营效益。因此,教育与科技作为提高劳动生产率的基本手段而保证了经济的不断增长。

(二)文化可以促进产业结构合理化和高度化

文化建设的发展不仅有助于物质产业与文化产业保持良好的比例,促进整个产业结构的合理化,还有助于产业结构的逐步高度化。大力发展民族传统文化、现代文化,开展多种多样的文化活动,对于改善国内投资环境、促进物质产业的发展是大有裨益的。与此同时,文化生产的不断进步必然会引起物质产业结构的巨大变化。广播、电视、电影、书刊等文化生产和消费的迅速普及,会促进通信卫星、广播器材、电视机、录像机、录音机、摄影机、纸张、印刷等物质生产的急剧发展,使这些与文化生产有关的物质生产部门在整个产业结构中所占的比重明显增加,从而推动产业结构的日益高度化。

(三)文化可以改变社会消费结构和提高劳动者素质

文化生活消费是消费的重要组成部分,随着文化事业的发展,它在整个社会消费结构中的比重逐渐增大。与物质生活消费一样,文化生活消费不只是个人私事,也是关系劳动力再生产的重要经济问题。接受教育、从事文学娱乐活动等文化生活消费,就是从精神角度生产出劳动力。其中,接受教育的文化生活消费,是为了生产和再生产出具有一定文化和科技水平的劳动力;从事文学艺术娱乐活动的文化生活消费,是为了在紧张工作之后,通过这种鉴赏娱乐性的积极休息,解除疲劳,调节情绪,以再生产出精力充沛的劳动力。物质生活消费固然是重要的,但文化生活消费是人自身的内涵式扩大再生产的主要源泉,它能提高全体劳动者的科学文化和技术素质,最终源源不断地为生产力和整个经济的发展提供高质量的劳动者和各类人才。

如今,现代科学技术飞速发展,经济全球化时代已然来临,文化因素对经济的作用也愈加明显。如一个地区的服装、日用品、旅游、商业等产品和服务越来越受到不同地区文化的感染,这既给各国带来了快速发展的经济和良好的效益,同时也带来了文化的一体化。不少西方发达国家正是巧用文化的这一渗透作用来发展本国经济的,使得本国经济迅速上升到新的高度。

二、城市文化与时尚经济发展的关系

鲜明的城市文化,可以形成特色鲜明的经济生产类型与消费类型;鲜明的城市文化,具有强大的影响力、吸引力,这是产品扩大声誉、赢得市场的一个重要依托。另外,城市文化要实现自身的传播,同样需要物质经济这一载体。在这种相互作用的过程中,城市文化会不自觉地催生出时尚经济,并推动其发展。

(一)城市文化优势是地区时尚经济发展的环境优势

一个城市经济的发展体现在其物质的充裕性上,而在城市物质性形成过程中,文化起着不可忽视的作用。从传统的苏州园林建筑到现代化的上海高楼,从雅致的中式服装到富有个性的欧美衣裙,城市的每个角落里都洋溢着自身的文化气息,这种气息夹杂在市场经济改革的每次浪潮中,推动着城市产业的革新。城市文化影响下的产业革新带来的不仅是短期的经济效应,它还深深地融入人们的生活中,指导着人们对时尚的最新认可。当时尚产业在这座城市汇聚交织,时尚经济就会成为城市的一部分。

每个城市都有着自己独特的文化,不同的城市文化熏陶下会有不同的地区时尚,从而形成该地区突出的时尚产业,引发不同的时尚经济。纵观世界城市,罗马的恢宏气度、伦敦的绅士风度、巴黎的神秘浪漫、杭州的休闲、苏州的妩媚等无不在其城市时尚产业中一览无余。垂首俯瞰脚下的这片经济沃土,宁波以其文化宽容与自由以及内生的创新冒险精神成就了其发达的商业,同时也为时尚经济的生长提供了丰厚的土壤。

城市文化的优势不是与生俱来的,而是一代又一代的城市居民传承积淀下来的宝贵财富。每个国际化的大都市虽然在文化上存在重大差别,但是在某些方面却惊人的相似。以纽约与上海为例,它们位居世界的不同位置,却有着同样便利的交通,容纳着来自五湖四海的移民。据上海市统计局统计,到2015年年末,上海外来常住人口981.65万人,占上海总常住人口的1/3以上;同样,纽约也是一个移民城市,其外国出生移民占纽约总人口的绝大部分。作为移民大市,纽约与上海同样吸收着来自世界各地的文化,在众多文化碰撞融合的过程中形成两者不同的城市风格,形成各具特色的产业经济形态——时尚产业。虽然上海相对于纽约,其时尚经济发展的成熟度远远不足,但是就当前来看,其独特的风格已经初见端倪。当然,从大环境来看,每个城市对于时尚的需求不同会使得时尚经济更具竞争力与发展潜力。

城市文化,尤其是城市传统文化,是时尚经济得以健康发展的基础,时尚产业作为时尚经济的重要组成部分,正是将传统文化融入现代科技来提高产业的竞争力的。事实证明,传统文化深厚的国家与地区在发展时尚经济上确实占据着绝对的优势,它们富含文化的时尚产品更容易获得消费者的认可,能够更顺利地打开市场。

(二)城市文化是推动时尚经济发展的软实力

在区域经济研究中,人们一般侧重关注经济组织及其行为对经济发展的影响。毫无疑问,在国际大都市中经济因素的作用很重要,然而非经济因素也同样影响并改变着大都市的发展演进的道路,其中城市文化因素就是一个关键的变量。城市文化作为一种软实力能够有效地激发、促进一个地区时尚经济的发展。

城市文化作为一种软实力,主要从两个方面促进时尚经济的发展。

第一，城市文化中的创新元素是创造时尚的源泉，时尚经济作为一种全新的经济模式，是创新带来的成果。创新一旦成为城市文化的一部分，就会驱使当地企业源源不断地创造更多的时尚产品，进而改变人们对时尚产品的消费观念，并在这一过程中形成一套系统的经济模式。正如，由于某些地区富有创新的城市文化，因此就会营造出一种充满创新活力的社会环境，这种文化软实力就会不断地催生出经济上的创新硬实力。

第二，城市文化能够扩大品牌效应的影响力度，使品牌更加具有内涵。许多时尚品牌正是以其独特的文化内涵成为时尚的代名词的。一个地区的时尚产业想要在快时尚的现代社会中保持良好的竞争优势，就必须开拓出自己的品牌，然而品牌要想得到普遍的认可，融入城市文化是非常有必要的。城市文化首先是城市中每个个体的符号，然后才能成为城市的符号；同样，一个良好的品牌首先应是城市中的个体，然后才能代表一个城市面向市场。城市文化就是依靠这种由内及外的影响力推动着时尚经济不断发展、不断壮大的。

（三）城市文化有助于时尚经济形态下产业价值链的完善

城市文化，对一个地区人们的消费与生产影响深远，对人的工作、生活等行为方式起着制约或者促进的作用，一个地区的城市文化会透过企业员工的行为渗透到企业文化的形成过程中。众所周知，企业文化对于企业管理与企业价值整合有着指导性意义，决定着企业是否能长远发展。

城市文化是企业文化的风向标。在城市文化熏陶下，一个地区的企业会形成具有地方特色的企业文化，如义乌"鸡毛换糖"的精神文化，宁波精于技艺的"红帮"文化。

价值链是世界竞争优势理论专家迈克尔·波特教授提出的一个著名的概念。产业价值链就是用价值链方法来考察产业链，即产业为满足用户需求所形成的价值链条，在这个链条中更多地涉及组织的职能及关系。产业的不同组合方式以及产业内部企业关系的整合方式，都会严重地影响产业价值的创造。正是这种非单纯机械化的经济整合方式凸显了城市文化在其中所起的独特作用，如具有严谨人文精神的城市文化会使得该地区的价值链整合过程更具条理、时效性，会表现出更高的经济效率。

时尚经济是全新的产业经济形态，更是一个系统的经济形态。与传统经济形态下的产业价值链有所不同，它的价值链模式更多地涉及文化与心理层面。即在产品设计、生产、销售、发送及各辅助活动环节中加入人文元素,并通过更深入地探知员工、消费者等的心理来最大限度地降低总成本,获得高收益。因此,在时尚经济产业价值链整合过程中,城市文化的作用相当重要,它不仅有助于时尚经济的发展,为时尚产品开拓更广阔的市场,增强产业的竞争力,而且能够使该地区的产品向产业价值链的高端迈进,形成高、中、低相协调的完善的产业价值链体系。

第四节　我国城市时尚经济展望

时尚经济作为一种崭新的经济形态,不同于以往的传统经济,这个产业是崇尚创新和文化艺术性的新兴产业,在不同的文化影响下,城市的时尚产业会呈现迥然不同的风格。著名的时尚产业经济研究专家李凯洛先生对时尚产业的发展有着深刻的见解,他曾用"良禽择木而栖""筑巢引凤"表达了对广州市番禺区发展总部经济的良好祝愿。只有先栽下梧桐树,才能引来金凤凰;只有饱含时尚文化气息的城市环境,才会孕育充满竞争力的时尚经济。

时尚经济的组成元素——时尚产业实际上是一条庞大的链条,从设计、生产到消费,渗透于一个城市居民生活的方方面面,体现在每个居民的衣食住行中,构成一个城市独有的文化特色。目前,我国大城市都纷纷进入产业转型的关键时期,发展时尚经济产业俨然成为其转型的捷径之一。新时代的到来昭示着仅仅依靠传统产业已经很难维持企业曾经的辉煌状态。日本、新加坡、韩国的产业空心化经历告诉我们,仅凭借工业的发展并不能实现一个城市长期的经济繁荣,一个城市只有将自身的文化底蕴不断融入其产业经济的发展中,才能成为一个长盛不衰的国际化时尚大都市。

当前,我国时尚经济的发展以沿海地区城市最为显著,它们有着天然的地理优势,拥有汇集融合不同地区文化的绝佳机会,除了广州、上海等通关较早的城市,浙江个别新兴的地市也都积极地发展其时尚业,义乌国际化小商品城、海宁皮革城、杭州四季青服装城等正在被世人熟知,同时浙江开放的经商文化也在世界上开始传播。宁波市拥有浙江省最大的通商口岸,传承着浙江省共有的世代经商文化,与国外经济及文化有着直接的交集,但其时尚经济的确还处于起步阶段。在我国经济转型的关键时期,2013年宁波市政府成立"宁波时尚研究所",开展时尚产业经济、时尚品牌管理、时尚产品国际贸易、时尚供应链、时尚创意与设计、时尚文化、时尚生活消费等时尚经济领域的研究活动。宁波市人民政府发展研究中心主任、研究员阎勤在讲话中指出:"宁波时尚经济研究所应以服务和推动宁波时尚经济发展为宗旨,依托宁波纺织服装和奢侈品两大特色产业,紧紧围绕宁波打造时尚之都的核心要点,做精做深时尚经济领域的研究,为宁波时尚经济发展提供有力的智力支持。"就在当年,宁波—舟山港完成港口吞吐量5.2亿吨,居中国港口第二位,全球第三位。① 宁波的经济实力是未来实现成功转型强有力的保证。硬件发展条件的稳健必须要有软实力的支持,仅仅拥有研究所是远远不够的,宁波在全民设计培养上还远不及西方发达的国际大都市,建立健全整套时尚工业化体系更需要全体市民对个性城市文化的强烈诉求与对时尚经济产业的强烈需求。

进入21世纪,我国互联网基础设备不断地完善和快速普及,中国的电子商务迎来了高速发展时期,网上交易规模从2004年的49亿元增长到2014年的10万亿元以上。阿里巴巴,这一巨型电商在浙江的诞生使得浙江各市在"触网"上具有天然的优势,这有利于各市的品牌文化快速传播,时尚网络营销更是成为其时尚经济发展的重要组成部分。

在发展时尚经济的战略上,我们应虚心借鉴发达国家和地区的经验,充分结合自己特有的文化传统和民族特性,跨越文化壁垒,塑造出属于自己的时尚经济潮流。

---

① 夏春玲,刘霞玲,林建萍,等.2013/2014宁波纺织服装产业发展报告[M].北京:中国纺织出版社,2014.

第二章 城市文化视域下宁波时尚经济发展现状

第一节 城市文化视域下宁波时尚经济发展基础条件分析

城市文化是城市人类在城市发展过程中所创造的以及从外界吸收的思想、准则、艺术等思想价值观念及其表现形式,不仅是人类精神文化在城市发展过程中的发酵产物,更是各种信息相互交汇的融合产物。从地域上说,宁波城市文化是宁波这一特定地域所具有的文化色彩,它不仅包含本地域的文化,还包括吸收了大量外来文化与知识之后所融合与创造的新型文化,塑造了宁波城市发展良好的对外形象。时尚经济作为经济范畴领域里的一个分支,是与社会精神追求和物质享受密切相关的一系列生产经营活动。时尚不仅是对人体进行的装饰与美化,更是对人类赖以生存的周边环境的装饰与美化,还是对整体情境的装饰与美化。城市文化和时尚经济是衡量城市发展的两个维度,城市文化的缺失与时尚经济的薄弱都会影响城市功能的正常发挥,从而阻碍城市的发展。当前,宁波城市发展的重要命题之一是如何在推动经济转型升级的背景下以宁波城市文化来推动时尚经济发展,从而保持经济持续良好的发展,塑造宁波经济强市、文化强市的高端形象。

面对当前国内市场竞争激烈、环境污染严重、资源供给紧张、企业成本高企等诸多不利因素,调整经济结构、转变经济增长方式已经迫在眉睫。国际上有影响力的城市,如美国纽约、法国巴黎、英国伦敦、中国香港等都将时尚经济列为城市发展的重要力量,它们大力发展时尚经济,成绩显著。可以说,拥有高附加值、高创造性、低污染、低消耗等优点的时尚产业将成为宁波经济转型升级的重要产业领域之一,它可以有效融合众多产业集群,将传统产业资源整合、升级、组合形成独特的产业链,为传统产业的发展不断注入活力,从而激发宁波整个城市的创新活力,塑造具有宁波特色的城市文化。同时,随着国内社会消费结构由需求端向供给端方向转变,现有的供给无法满足民众对时尚元素的需求,时尚产业蕴含着巨大的消费潜力。从宁波的传统优势产业发展现状来看,宁波的服装、家纺、文具等优势产业将为宁波城市的新增长极提供良好的基础条件和先发优势,真正实现以宁波城市多元化文化促进时尚经济的推动式发展。

城市文化支撑时尚经济的发展,时尚经济促进城市文化的提升,实现城市文化与时尚经济的融合式发展将是未来提升宁波城市综合实力的重要力量,有助于打造宁波高端城市文化品牌,促进宁波经济增长方式转变,提升宁波城市核心竞争力,推动宁波成为中国的"文化之都""时尚之都"。

第二节　城市文化视域下宁波时尚经济发展基础现状分析

一、宁波城市文化简介

作为有着 7000 多年文明史的一座文化名城,宁波有着深厚的历史文化底蕴,并在长期的发展过程中熔铸着自己的城市文化特点,形成了一批具有宁波本地特色的文化标志物:以河姆渡为代表的史前文化,以上林湖越窑遗址为代表的青瓷文化,以保国寺和鼓楼为代表的古代建筑文化,以天一阁为代表的藏书文化,以王阳明、黄宗羲为代表的浙东学术文化,以"宁波帮"为代表的儒商文化,以天一广场为代表的现代商业文化,以老外滩为代表的外来文化,以宁波汤圆为代表的饮食文化,以宁波港为代表的港口文化,以月湖为代表的水系文化,以甬剧、姚剧为代表的戏曲文化。这些基本覆盖了宁波最主要的城市文化特质。

近年来,宁波一直将建设文化强市作为努力的方向。2000 年,宁波市委、市政府提出文化大市建设目标;2005 年决定将"诚信、务实、开放、创新"确定为"宁波精神",对宁波城市文化底蕴进行高度提炼,深刻浓缩和揭示了宁波城市的文化个性与追求;2011 年做出加快建设文化强市的决定,政策扶持力度不断加大;2015 年下发关于文化产业发展三年行动计划的相关文件,进一步明确建设国内领先的文化强市的目标。

随着城市文化产业的不断发展和深入,宁波城市文化产业总体规模不断扩大,产业结构日趋优化。2005 年宁波文化产业增加值为 90.81 亿元,占GDP 的 3.60%;而到 2014 年,宁波文化产业增加值达到了 339.39 亿元,占GDP 的 4.46%。文化产业在宁波经济增长过程中扮演着越来越重要的角色。2016 年,宁波市委、市政府在全市文化产业工作推进会上再一次提高文化产业的工作目标,文化产业增加值要力争达到 GDP 的 4.50% 以上,再一次提升了文化产业在宁波经济转型升级过程中的地位。

二、宁波时尚经济发展概况

2015 年,面对错综复杂的宏观环境和艰巨繁重的改革发展稳定任务,宁波市扎实推进经济社会转型发展三年行动计划,着力实现稳增长、促改革、调结构、防风险、惠民生等目标,经济运行呈现低开、稳走、缓升的发展态势,产业发展稳中趋好,创新转型取得进展,质量效益逐步提升,民生福祉持续改善,经济社会发展已进入新常态。

根据数据统计显示(见图 2-1),2015 年全年宁波实现地区生产总值8011.5 亿元,比上年增长 8.0%①。其中第一产业增加值为 285.2 亿元,增长 1.8%;第二产业增加值为 3924.5 亿元,增长 4.8%;第三产业增加值为3801.8 亿元,增长 12.5%。三个产业之比为 3.6∶49.0∶47.4。与上年相比,时尚产业所在的第三产业比重进一步提高。人均地区生产总值超 10 万元,达到世界中上等国家和富裕国家的临界水平。

2015 年,全市商品销售总额 1.78 万亿元,比上年增长 10.5%;社会消费品零售总额为 3349.6 亿元(见图 2-2),比上年增长 12.0%。其中与时尚产业相关的服装鞋帽类、针纺织品类、化妆品类、金银珠宝类、日用品类、电子出版物及音像制品类、文化办公用品类等产品的销售额呈现普涨局面,显示出宁波民众对时尚产品的旺盛需求。时尚产品带来的发展空间、消费潜力有望成为宁波经济发展的增长极,为宁波新一轮经济发展带来强劲动力。

---

① 地区生产总值增长速度按可比价格计算。

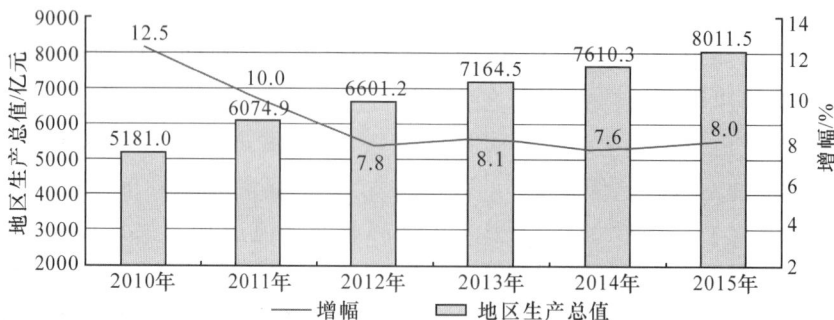

图 2-1　2010—2015 年宁波地区生产总值统计

（资料来源：宁波市统计局，国家统计局宁波调查队.2015 年宁波市国民经济和社会发展统计公报［R/OL］.（2016-02-01）［2016-07-02］. http://www. tjcn. orgtjgb201604/32666. html. ）

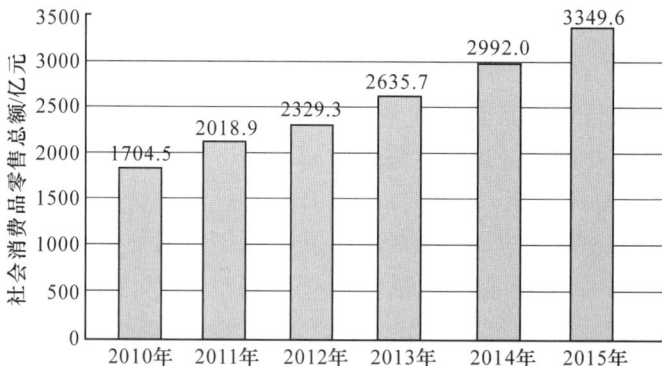

图 2-2　2010—2015 年宁波市社会消费品零售总额统计

（资料来源：宁波市统计局，国家统计局宁波调查队.2015 年宁波市国民经济和社会发展统计公报［R/OL］.（2016-02-01）［2016-07-02］. http://www. tjcn. orgtjgb201604/32666. html. ）

三、城市文化视域下时尚经济发展基础分析

作为经济转型升级的重要推手，时尚经济的发展离不开当地城市文化底蕴的支撑，城市文化的传播也离不开时尚经济的充实。对于有着深厚历史文化底蕴的宁波来说，把城市文化与时尚经济结合在一起发展，对宁波未来经济转型升级、城市功能定位等方面有着重要的意义，特别是宁波要加速成为世界级城市，城市文化与时尚产业的发展至关重要。从美国纽约、法国巴黎、英国伦敦等时尚之都的发展过程来看，虽然它们的发展背景和历程各

不相同,但是它们在地理基础、产业基础、交通基础、人文基础、政策基础等方面较为相似,且无一薄弱环节,使得这些城市在塑造经济强市的同时提升了城市文化内涵,又塑造了世界文化城市的高端形象。宁波要想从城市文化的角度推动时尚经济的飞跃式发展,就要加强城市文化的建设,就要加强地理环境区位、传统优势产业、基础设施建设、交通运输网络、传统历史文化、产业政策扶持等方面的发展,从而在实现时尚经济推动宁波经济发展转型升级的同时提升宁波城市文化,真正塑造宁波时尚名城、经济强市的形象。就时尚经济发展本身而言,宁波的时尚产业已经取得了一定的成就,但是与发达国家将时尚经济融入城市文化中发展相比,无论是地理环境、传统产业、基础设施还是交通运输、传统文化、产业政策等方面,宁波的时尚经济还存在着较大的发展空间。

（一）地理文化需为时尚经济发展提供广阔平台

宁波是我国的东南沿海城市,位于我国海岸线的中段、长江三角洲的南翼。唐代,宁波就已成为海上丝绸之路的起点之一,宁波、扬州、广州被称为"中国三大对外贸易港口"。宋代,宁波与广州、泉州同时被列为"对外贸易三大港口重镇"。鸦片战争后宁波被辟为"五大通商口岸"之一。从现代的角度看,宁波处于国家长江经济带与南北沿海运输大通道的 T 字形交汇处,是长江三角洲地区开展对外贸易的战略要地,对外直接面对东亚、东盟及整个环太平洋地区;对内则沟通京杭大运河、长江,经济腹地覆盖长江流域、中西部地区,地理区位优势十分明显,以宁波港为核心的港口城市文化深入人心。

作为上海国际航运枢纽港的重要组成部分,宁波港与 100 多个国家和地区的 600 多个港口开通了航线,"港通天下"的理念得到充分运用,再加上与舟山港的合并,宁波城市的港口文化内涵进一步强化和提升。[①] 2015 年,宁波—舟山港以 8.9 亿吨的货物吞吐量位居全球港口首位,以 2063 万标箱的集装箱吞吐量跃居全球第四位,成绩喜人。[②] 港口的便利与发达也为宁波发展其他领域经济打下了良好的基础,尤其是近些年着重强调的时尚经济,以港口为基础形成的城市文化存在着为时尚潮流的传播、时尚理念的传递、

---

① 余明霞,宋兵. 创新发展"抢攻"海铁联运桥头堡[J]. 宁波通讯,2015(15):47-48.

② 周昌林,金曙光,戴东生. 主动适应新形势,加快建设和发展宁波舟山港[EB/OL].(2016-05-30)[2017-04-12]. http://www. bl. gov. cn/doc/zffw/zwdt/ztzl/blds/zzzt/673966. shtml.

时尚城市的打造提供坚实广阔平台的可能性。

虽然宁波港的地理文化因为宁波港的快速发展闻名全球，但是也仅局限于宁波港本身，宁波并没有利用好宁波港这一天然良港所产生的地理文化优势惠及包括时尚产业在内的众多其他产业，港口文化独立发展。作为宁波的一大优势文化，港口文化需要更好地为时尚经济的发展服务，用"港通全球"的理念更好地促进宁波时尚经济传播到全球的各个角落，树立起宁波时尚都市的高端形象。

（二）产业文化需为时尚经济发展提供有力支撑

当前，宁波已经形成了以服装、家纺产业与家电、家具和文具产业相结合的"2＋3"时尚制造产业格局，培养了雅戈尔、INTREX、太平鸟、GXG、杉杉、方太、维科等一批本土化时尚品牌。

纺织服装产业是宁波的传统优势产业和支柱产业。宁波纺织服装企业经营业态新颖、产品特色鲜明，集群效应显著，已经成为我国最大的纺织服装生产企业集群之一。根据《2014宁波统计年鉴》，2014年，宁波纺织服装行业实现主营业务收入1010.44亿元，实现利润总额近70亿元，纺织服装行业规模不断扩大，纺织服装企业在国内外的影响力不断提升。随着宁波服装企业对于品牌运营的重视，一大批不同层次、不同类型的服装品牌正在崛起中，男装原创品牌有GY、魔法风尚、帕加尼等，女装原创品牌有SV、伊思君凯、德玛纳、乐町等，童装原创品牌有爱法贝、芭比乐乐、小虎帕帝、春芽子等。这些品牌从设计研发、生产制造到多渠道终端销售形成了完整的产业链，中间过程中逐步形成了形象策划、品牌推广、时尚潮流等方面的职能，充实了纺织服装产业内涵，汇聚了具有宁波本地特色的时尚潮流，形成了具有宁波本地特色的纺织服装产业文化。

在发展纺织服装产业的同时，宁波也坚持多元化发展的原则，培育了以家电、家具、文具为主导的时尚产业，引导它们将价值从有形资产转移到无形资产上来，更加重视对品牌的管理，逐步打造出奥克斯、帅康、华康、贝发等著名品牌。从设计研发、品牌创意到商业运营、品牌经营，再到文化营销、内涵宣传，这些品牌企业已经单纯地由过去的产品销售上升到文化渲染，通过创意设计、样式设计、色彩设计等引领最新潮流，通过品牌建设、渠道拓展等扩大宣传范围，围绕人的审美价值追求展开，使产品在满足人们基本使用需求的同时进一步激发高度个性化的体验式需求，使产品被贴上的品牌价值文化深入人心。宁波的家电、家具、文具产业早已形成了独有的块状经济区,为提升区域所在城市的特有文化、创造时尚潮流打下了良好的基础。宁波的时尚产业结构如图 2-3 所示。

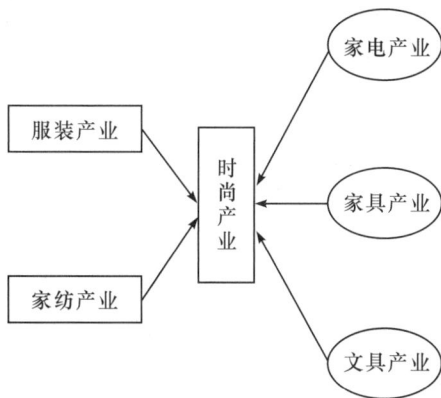

图 2-3 时尚产业结构

单从时尚经济的角度看,虽然宁波的"2+3"时尚制造产业格局发展良好,但是从结合宁波城市文化的角度看,纺织服装产业与家电、家具和文具产业还有一定的发展空间,借助于与城市文化的结合,产业品牌内涵将得到提升。

(三)城建文化需为时尚经济发展夯实文化基础

基础设施的建设,直接关系人民群众基本文化权益的实现和文化发展成果的共享。随着宁波公共文化设施建设的不断深入,具有标志性的、基础性的时尚文化设施不断涌现。当前,宁波正在围绕"市民之江、城市之脉"的功能定位,全力构筑集金融、商贸、文化、旅游等产业于一体的三江六岸综合体,推进文化与休闲、文化与旅游、文化与时尚、文化与商贸、文化与创意的多元化结合,力争体现宁波的历史文脉、地域风情、自然生态,展现宁波的城市风貌、城市特色和城市品质。文化广场、图书馆、大剧院、博物馆、财富中心等一系列具有时尚气息的基础性、标志性设施也进一步为宁波对外展现时尚潮流、宣扬城市文化提供了广阔的传播平台。在此基础上,中英时尚产业园、宁波市大学科技园、创意 1956 工业设计产业园、新芝路 8 号设计产业园等现代化时尚创意园区的建设为宁波丰富的创意文化资源传播提供了渠道,提升了宁波整体城市文化品位。

城市文化的提升、时尚经济的发展也离不开配套产业软硬件设施的支持。电商、物流、会展、传媒等产业的逐步完善都推进了宁波对于打造高端时尚文化城市的进度。"国家电子商务示范城市"的称号、全国物流节点城市的建设、东部新城国际会展中心的使用、长三角地区重要传媒中心的定位在一定程度上搭建起宁波城市文化与时尚经济内涵的框架,使得宁波城市软实力得到一定的提升。对于现阶段的宁波来说,如何在加快城市建设的过程中,将城市文化与时尚经济融合发展将是提升宁波时尚经济发展水平的关键之一。

（四）交通文化需为时尚经济发展提供流动支持

不可否认,城市文化的传播与时尚经济的发展离不开实体流动性支持。没有流动,时尚文化无法有效传播,城市品牌无法有力推广。大力推进交通网络的建设是实现城市文化与时尚经济协同性发展的必要手段。

作为华东地区重要的交通枢纽,宁波大力推进交通网络的扩建,交通基础设施投入逐年上升,交通快捷便利逐年显现。根据《2015 年宁波市国民经济和社会发展统计公报》,2015 年,全市完成交通基础设施投资 186.7 亿元,比上年增长 2%。全市公路总里程数达到 11182.8 公里,其中高速公路为495.8 公里,公路网密度达 114.7 公里/百平方公里,初步完成"二环十射"骨架网络设计,干线公路建设已初步实现 60-30-30 的效率目标,铁路建设已初步实现长三角主要城市 90 分钟快速到达的目标。水路方面,2015 年已建成3 个万吨级码头,万吨级码头总数达 105 个,港口航线规划已达 250 条。航空方面,航空线路月均已达 480 条,国际性、便捷性、高效性及服务满意度有了较大提升。城市公共交通体系方面,2015 年全市新增公交标准运营车辆1167 标台,车辆总数达到 8635 标台;运营线路 1058 条,比上年增长 51.6%。轨道交通 2 号线一期工程开通运营。全年轨道交通进站客流 3775.7 万人次,旅客周转量 10928.6 万人公里,日均客流约 20 万人次/天。年内新增公共自行车网点 267 个,新投放公共自行车 8944 辆。截至 2015 年年末,全市共建成公共自行车网点 1259 个,投放公共自行车 33278 辆。此外,全市共有出租车 6420 辆。逐步完善的公共交通体系为城市时尚文化元素流动的畅通无阻提供了坚实保障,也为宁波创建时尚名城、打造时尚优势产业打下了良好基础。

（五）历史文化需为时尚经济发展创造文化氛围

作为国家历史文化名城,宁波在漫长的历史发展过程中孕育出了内容丰富的地域文化,构建出具有江南水乡浓郁特色的城镇、村庄、街区和建筑,留下了大量历史价值高、文化内涵深刻、地域特色鲜明的人文古迹和历史遗

存。目前,宁波中心城区共有月湖、伏跗室永寿街、秀水街等 8 个历史文化
街区,29 个历史地段。宁波市范围内共有江北区慈城镇(见图 2-4)、象山县
石浦镇(见图 2-5)、宁海县前童镇(见图 2-6)3 座国家级历史文化名镇,慈溪
市鸣鹤镇、余姚市梁弄镇、鄞州区鄞江镇 3 座省级历史文化名镇,宁海县许
家山村、宁海县龙宫村 2 个国家级历史文化名村,余姚市横坎头村、奉化市
岩头村 2 个省级历史文化名村以及 25 个市级文化名村。非物质文化遗产
方面,宁波共有国家级 21 项、省级 76 项、市级 157 项,囊括了传统口头文学
及作为其载体的语言,传统美术、书法、音乐、舞蹈、戏剧、曲艺和杂技,传统
技艺、医药和历法,传统礼仪、节庆,传统体育和游艺。

　　通过实施科学的保护规划,严格执行保护制度,采取有效的保护措施,
这些历史文化资源犹如璀璨群星,展示和传承着宁波城市传统人文精神和
建筑风格,促进了宁波文化城市形象的提升。随着宁波历史文化资源与民
俗风情活动的不断结合,一大批具有当地特色的节庆活动不断涌出。这些
活动门类众多、主题丰富、形式多样,例如梁祝爱情文化节、弥勒文化节、开
渔节、徐霞客开游节等。

图 2-4　江北区慈城镇

图 2-5　象山县石浦镇

图 2-6　宁海县前童镇

由于传统的历史文化资源众多,宁波虽然做好了历史文化资源的保护和传承工作,但无法发挥每一块资源的最大优势,这使得历史文化呈现出多而杂的局面。宁波在发展现代时尚经济的过程中也没有很好地结合传统历史文化,使得时尚经济无法展现出地域性特色。为带动宁波时尚经济发展、营造城市文化氛围、扩大城市对外影响力奠定基础,如何利用好传统历史文化资源,发挥其中部分资源的优势将是下一步需要考虑的问题。

（六）产业政策需为时尚经济发展提供坚实保障

由于较早地认识到城市文化与时尚经济之间发展的关联性,宁波市政府积极建立健全发展时尚产业、提升城市文化的推进机制和保障机制,创造促进时尚产业与城市文化协同发展的政策环境,为推进宁波城市时尚全产业链的资源整合、国际化都市品牌的打造、城市文化内涵的集聚等方面做出了相应的政策扶持,包括时尚产业整体规划的布局,时尚产业发展方向的明确,时尚产业在财政、税收、土地、人才、金融等方面的支持等。从 2005 年开始,宁波市委、市政府及相关部门先后出台了《宁波市服务业发展规划纲要》《宁波市人民政府关于进一步加快发展服务业的若干政策意见》《关于推进文化产业加快发展的若干意见》《宁波市文化产业发展三年行动计划（2015—2017 年）》《宁波市"十二五"时期文化发展规划》《宁波市"十三五"文化产业发展规划》等相关产业政策文件,明确指出宁波要加快推动文化产业转型升级发展,主动应对经济全球化新格局、产业转型新趋势,推动创新驱动发展,提高城市竞争力,并根据《浙江省人民政府关于加快发展时尚产业的指导意见》和《浙江省时尚产业发展规划纲要（2014—2020 年）》的文件精神,正在起草《宁波市发展时尚产业、建设时尚名城实施方案》,现已到公开征求意见的阶段。在 2016 年 3 月召开的宁波市文化产业工作推进会上,宁波市委、市政府进一步明确了全年文化创意产业增加值和文化产业增加值应保持在 15％以上的增速,占 GDP 的比重要分别达到 7.5％和 4.5％,招商引资到位资金要达到 80 亿元,固定资产投资要完成 120 亿元,进一步强化了政府对宁波发展时尚产业、打造时尚名城的支持态度,为下一步宁波发展时尚产业、提升城市文化提供坚实保障。

第三节　城市文化视域下宁波时尚经济发展问题分析

从当前宁波发展时尚经济所需的地理环境区位、传统优势产业、基础设施建设、交通运输网络、传统历史文化、产业政策扶持六个方面看,城市硬件基础设施建设取得较大进步,软件环境虽然取得了一定的进展,但是和城市硬件基础设施建设相比,软件环境的发展速度比较缓慢,远没有跟上硬件设施建设的速度。

一、城市文化与时尚经济发展呈现不协调性

宁波的历史源远流长,文化积淀深厚,历史上曾经呈现出文教兴盛、人才辈出的景象。但是随着近年来宁波过于强调经济的重要性以及周边城市的竞争性发展,越来越多的具有宁波本土特色的城市文化逐渐被经济发展的浪潮所遮掩,无法通过规模化、集约化逐步形成产业化发展。换句话说,宁波的城市文化由于发展的滞后性,与时尚经济发展的不协调性,没有形成一个鲜明统一而富有内涵的城市文化特点,无法融入宁波时尚经济的发展中,也就无法进一步融入宁波人民的生活方式中,融入宁波城市的现代化生活氛围中。同时,随着宁波经济发展的进程加快,时尚产业的扩张呈现加速状态,大量的政府投资用于时尚产业的扩张式发展,例如城市商业圈、创意产业园、时尚产业集群等基础设施。这些商圈、园区、厂区生产设备先进、配套设施完善、园区环境优雅,为时尚创意型企业的发展提供了良好的硬件支持。但是由于宁波过度追求硬件建设,过于追求城市时尚经济发展的商业功能,在一定程度上忽略了软件建设——城市文化的内涵提升,使得宁波城市发展充满浓厚的时尚商业气息,缺乏对时尚文化的精神依赖,城市时尚文化内涵单薄,对外输出的势能较低,无法体现宁波时尚城市的整体影响力。

与国内同等规模的城市如苏州、厦门相比,宁波在城市文化与时尚经济协同发展方面存在较大差距。2014 年,苏州和厦门的地区生产总值分别为 13761.00 亿元和 3273.54 亿元,而宁波的地区生产总值为 7602.51 亿元,介

于苏州与厦门之间。① 但是苏州精致悠久的吴越文化、厦门浓郁的闽南风情都是与当地时尚经济相得益彰的文化品牌,宁波的城市文化还无法与苏州、厦门的城市文化相提并论。尤其是苏州,在时尚产业发展的过程中,苏州通过政府倡导、市场运作、企业支持的形式,将苏州城市文化与时尚经济整体打包,利用苏州丰富的文化资源,提升苏州时尚文化的发展水平和在国内的影响力,值得宁波学习借鉴。

二、时尚经济发展无法支撑城市文化内涵

作为沿海开放城市,宁波有着得天独厚的对外交流条件,为时尚文化元素的流动性提供了保障,时尚经济实力与国内同等规模城市相比毫不逊色。但是由宁波时尚经济发展带来的城市文化的提升却不明显,城市内涵缺乏深度,对外影响力的程度未能与时尚经济实力相匹配。

近些年来,在大力发展时尚经济的过程中,宁波借鉴并吸纳了国内外同类城市的许多元素和经验,在结合自身传统优势的基础上将这些城市的特色吸收再融合,取得了较大成功,甚至某些特色超过了部分城市。宁波国际服装节活动的举办为建设时尚潮流国际化都市、打造国际潮流风向标打下了基础;宁波江北慈孝节活动的举办为发扬中华民族传统美德、发扬宁波传统历史文化提供了广阔平台。但是在城市文化的演变过程中,一方面,由于每个城市的文化特征不同,某些元素特色无法直接照搬照抄,加上宁波自身原先没有特别重视城市文化软硬件的保护,使得城市整体文化特色没有巩固,无法很好地对外展现宁波特有的现代城市文化内涵;另一方面,宁波时尚经济的发展过于强调现代时尚发展方向,过于夸张时尚经济的重要性,使得传统民俗文化被严重压缩、改变,甚至逐渐被淡化,城市文化的传统性没有得以很好地延续。

与国内传统文化城市如杭州、青岛、南京等相比,宁波时尚经济的发展主要还停留在传统产业的发展上,产业结构矛盾较为突出,以生产制造为主要构成的时尚产业独具特色,但是产业发展过程中集聚的文化内涵、创意特征不突出,总体上宁波还处在全球产业链的中低端。以新闻出版发行服务、广播电视电影服务、文化信息传输服务、文化创意和设计服务、文化休闲娱乐服务等为主要构成的内容型时尚文化产业发展尚处在初级阶段,无法与

---

① 数据来源于《2014 年苏州市国民经济和社会发展统计公报》《2014 年厦门市国民经济和社会发展统计公报》《2014 年宁波市国民经济和社会发展统计公报》。

国外发达城市或国内的杭州、南京等城市相提并论,城市文化内涵有待进一步提高。

三、城市文化无法提升时尚经济发展质量

在国家大力推广产业结构优化、转型升级的背景下,城市文化产业具有其自身的优势,与传统时尚产业的融合能够改变传统产业高能耗、高排放、低效益的缺点。但是纵观宁波经济和文化的发展状况,时尚经济主要还是停留在量化指标上,没有注重质量的提高,时尚文化的繁衍和积累也没有受到足够重视,使得宁波城市文化内涵与功能出现一定的偏差,进而使得宁波时尚经济发展的持续性和稳定性无法得到保障,长此以往也就无法真正摆脱宁波经济的传统发展模式。

从 2005 年开始,宁波大力发展文化产业,每年的文化产业增加值都有不同程度的上升,占 GDP 的比重也呈逐年上升趋势。但是与国内其他城市如深圳、青岛、厦门等城市相比,宁波文化产业增加值始终保持小步增长的趋势,整体总量偏小,占地区 GDP 的比重始终未超过 5%,与深圳过去几年年均增长率保持 20% 以上的幅度相比,宁波的差距非常明显,文化产业发展的乏力直接影响着城市文化的推广及影响,而城市文化的内涵缺失也直接影响着本土化时尚经济的发展质量。与时尚经济发展紧密关联的几个行业——影视文化类、设计服务类、会展演出类、休闲娱乐类均处于中下游水平,总体上仍呈现低附加值、高成本的失衡结构。

城市文化的定位不明确也是导致宁波无法提升时尚经济发展质量的重要因素。以国内部分城市为例,南京对丰厚的历史文化遗存进行了保护和利用,以历史遗存彰显古都特色,并将历史文化资源作为基础积极打造世界级的历史文化名城;深圳针对自身历史文化资源不足的短板,将城市文化的战略目光瞄准高科技,把城市文化与高科技的融合、创意与技术的联姻作为自己后发的依托,利用自己形成的高新技术产业优势,重点发展数字内容、动漫游戏、网络游戏及创意设计等现代新兴时尚文化产业;苏州利用自身丰富的古城文化资源,创造浓郁的传统文化氛围,展现精致典雅的城市文化魅力,打造集休闲、旅游文化于一体的旅游文化水廊,进一步促进了苏州现代化时尚经济的发展。相比之下,宁波由于集聚了众多国内外文化资源,加上自身有着深厚的历史文化资源,外来文化与本土文化的激情碰撞在给予宁波打造本土化特色文化机会的同时也出现了许多问题。宁波在解决这些问题的过程中由于没有很好地对自身所处环境进行分析,对面对大环境下如

何发展城市文化的众多选择没有分清轻重缓急,而是进行撒胡椒面式发展,使得城市文化在推进时尚产业发展过程中呈现数量增长先行于质量增长的现象,时尚经济的增长缺乏可持续性。

第三章 城市文化视域下宁波时尚产业发展案例分析

——以服装业为例

第一节 城市、文化与时尚产业的关系

一、时尚城市与时尚产业相融共生

城市,是一定区域范围内政治、经济、文化的中心,是人类社会纵横交错、布局密集的聚居空间,亦是人类文化的载体和存在方式。每个城市在形成和发展中,都会由自身的地理环境、交通条件和繁荣程度而产生自己的文化特质。城市文化的产生,有其特殊的背景和土壤。一个城市的文化,是它所处时代的社会、经济、科学技术、生活方式、人际关系、哲学观点、宗教信仰等方面的写照。美国社会哲学家刘易斯·芒福德在《城市文化》一书中提到:"城市是文化的容器,专门用来储存并流传人类文明的成果,储存文化、流传文化和创新文化,这大约就是城市的三个基本使命。"这三个使命也正是文化城市发展的内在规律和追求的终极目标。① 因此,城市实际上是一种文化形态,文化就是城市的灵魂。

---

① 丁俊杰. 文化才是城市最大的不动产[EB/OL]. (2015-09-28)[2016-07-03]. http://www.swdx.dl.gov.cn/rdwtzt/jdgz/Document/57302/57302.html.

"竞争战略之父"迈克尔·波特曾提到："基于文化的优势是最根本的、最难以替代和模仿的、最持久的和最核心的竞争优势。"①在文化越来越成为经济社会发展的战略资源，成为一个国家、一个地区和一个城市综合竞争力的重要组成部分的当今社会，考察一个城市是否有吸引力和竞争力，最重要的是看这个城市的文化资源、文化氛围、文化产业以及城市文化的整体发展水平，未来城市发展将以文化论输赢。

时尚是城市固有的一种独特的文化。时尚城市离不开时尚文化。文化作为城市的灵魂，是时尚的符号。时尚城市是以时尚文化呈现的城市，即是独特的文化城市，是在城市文化上具有典型代表意义并且也是独具个性和特色的城市。时尚城市是一种有别于其他城市形态的城市类型，有着自己的文化特征。无论是过去、现在，还是将来，时尚城市都将是光彩夺目、永具魅力的。法国的巴黎、英国的伦敦、美国的纽约、意大利的罗马、奥地利的维也纳、日本的东京等都是国际上著名的时尚城市，是国际时尚文化的发源地，是城市发展的理想和追逐的目标。

从经济特征角度分析，时尚产业是时尚城市的重要标志，是一座城市经济发达、文化繁荣的重要象征。时尚得以产生的前提是丰裕的社会物质生活条件。物质生活条件窘迫者，解决温饱胜于追求时尚。国际时尚城市地位的最终的决定因素是经济实力。18世纪末，伦敦的纺织业和时尚业因英国工业革命而迅速发展，是雄厚的经济实力是国际时尚中心形成和发展的物质基础的最强例证。巴黎、米兰、伦敦、纽约、东京等城市之所以能成为世界时尚之都，是因为经济因素在引导时尚方面起了决定的作用。

时尚产业一般是指以大城市独特的信息流、人才流、现代物流、资金流等社会资源为依托，以产品设计、研究开发、营销管理、技术服务和生产制造为主体，能够在城市中心区域内生存和发展的并与城市功能和生态环境相协调的，具有增值快、就业广、适应市场快等特点的产业门类。在国际性时尚城市中，时装、大众传媒、影视、音乐、建筑、科技等产业是其主要的时尚产业。服装是最能创造并引领时尚的，服装业是时尚产业的核心。

二、服装业是时尚产业的核心

时尚，先由意识形态起步，后以具体物质形式来表达。它既是一种与现

---

① 丁俊杰.文化才是城市最大的不动产[EB/OL].(2015-09-28)[2016-07-03].http://www.swdx.dl.gov.cn/rdwtzt/jdgz/Document/57302/57302.html.

实生活紧密联系的社会文化,也是一种社会性的生活态度和生活方式。20世纪下半叶开始,由时尚导致的社会经济效益飞速增长,逐渐被社会经济学家关注,"时尚产业"的概念相应产成。

时尚产业是具有高创意性、高品牌效益、高附加值等特征,能引领消费流行趋势的新型产业业态。时尚产业是随着社会的发展和历史的进步,在新的历史条件下产生的一种新的经济产业概念,因其自身特殊的时代特征而成为最具发展潜力的新兴产业。

时尚产业是典型的都市产业,跨越高附加值制造业与现代服务业的界限,是多种传统产业的组合。时尚产业涵盖品牌文化、设计、技术、传播、服务等诸多要素,包括设计、采购、制造、推广、销售、使用、消费、收藏等一系列环节,是文化与经济、艺术与技术、品牌与服务的有效结合,是在新的历史条件下产生的一种全新的产业概念和形态。

时尚产业具有十分丰富的内涵,正在逐步成为一张涵盖面极其广泛的产业网。时尚产业覆盖面极广,如服装服饰、时尚传媒、家居纺织、影视、音乐、建筑设计、工业设计、环境艺术、视觉艺术、数码娱乐、极限运动等领域,社会生活的方方面面都不可避免地与时尚挂钩、向时尚靠拢。狭义的时尚产业主要指时装、饰品、化妆品、家纺;广义的时尚产业还包括家饰家具、美容美发、礼品工艺品,以及相关产业与支柱产业如零售、会展、传媒、出版、服务等。① 纺织服装产业是时尚产业的核心部分,服装是最能创造并引领时尚的。服饰文化是时尚城市主要的文化特征之一,是时尚城市流动的文化。

服装在时尚产业网中占有核心地位,是时尚的主导内容,在时尚产业中占有很大的比重。因为服装的流行速度快、形式多样,由其带动的流行趋势将直接影响其他的产业。巴黎、纽约、伦敦、米兰和东京,被称作世界五大时尚之都,它们的时尚文化和时尚产业,都是以服装作为支柱,同时由其他时尚产业共同支撑的。五大时尚之都塑造了各具特色的时尚文化与时尚经济,时装产业是其贯穿始终的核心。经过20世纪的百年蜕变,服装业逐渐被历史证明,是具备成熟的流行引导能力及广泛影响力的时尚产业。因此,发展时尚产业需要以服装为依托,与其他相关产业结合,提高整个时尚产业的形象与水平。

---

① 陆晓晓,陈桂玲.建设时装之都发展北京时尚产业[J].科技与企业,2007(7):79-81.

三、文化是服装业发展的滋养

文化是人类文明发展历史中的宝贵精神财富,它既担当着丰富人类心智的责任,也凝聚了不同时代、不同民族的智慧与审美能力,以及对于真善美的不懈追求。文化对于人类的价值是让人们的心灵找到最终的归宿。服装是一种生活必需品,在一定生活程度上,反映着国家、民族和时代的政治、经济、科学、文化、教育水平以及社会风尚面貌。作为基础性消费品产业,服装业既是传统产业、民生产业,也是集中体现人类文化创意、技术进步和时代变迁的创新型产业。随着社会的发展,服装的角色由原来的生活必需品转变为时尚生活用品,服装亦是一种具有特殊意义的产品,是天然具备超越功能性的产品,其文化和理念属性早已超越基本物理功能。

时尚是吸收传统融入创新后创造的一种新的流行。它需要传统文化的滋润,需要从中汲取营养。服装作为一个时尚产业,离不开文化艺术,两者犹如鱼水关系,只有相互融合,才更具感染力。离开时尚的文化艺术,犹如昙花一现,没有生命力;离开文化艺术的时尚,缺乏持久性,难以产生品牌共鸣。时尚服装的背后支撑是文化艺术。只有文化艺术的滋养,才能孕育出顶级品牌服装。

服装作为一座城市的时尚产业,这个城市的文化必定要给予这个产业文化元素的培育、滋养,时尚产业亦必然会反哺给这个城市更夺目的时尚光彩。世界高级女装中心——巴黎的时装从来就是一种文化艺术,是一门可以与绘画、雕塑和建筑相提并论的艺术。巴黎是一个承载了厚重的历史与文化的城市,城市完好地保留了传统建筑,并将古典的优雅与现代时尚完美地融合在一起。得天独厚的悠久历史与文化传统、巴黎人的艺术素养以及政府的大力支持与鼓励,是促使巴黎成为世界流行时装领导中心的重要因素。

第二节　宁波服装业分析

一、宁波服装业地位

服装业是创造美好时尚生活的基础性消费品产业和民生产业,也是集中体现人类文化创意、技术进步和时代变迁的创新型产业,在提高人们生活质量、发展国家经济、促进社会文化进步等方面发挥着重要作用。宁波的纺织服装产业是我国纺织服装产业中的重要一极,同时,宁波是我国主要的产业集群基地之一。宁波的服装产业具有悠久的历史,诞生于 19 世纪中叶的宁波"红帮裁缝"享誉海内外。作为国内主要的服装产业集群地之一,宁波的服装尤其是男装的综合实力居全国同类城市之首。

现代宁波服装业起步于 20 世纪 70 年代末 80 年代初,凭借深厚的服饰文化底蕴和改革开放的先发优势,自 20 世纪 90 年代以来高速发展,产业经历了资本积累、资源整合、外延扩张发展阶段。长期以来,宁波服装产业对宁波经济发展起着重要作用,其产业地位在我国服装产业中举足轻重,同时也为巩固和提升我国服装产业在世界上的竞争优势做出了重要的贡献。宁波市统计局公布的数据显示,2015 年宁波市规模以上纺织服装企业共 917 家,企业从业人员 232354 人,累计实现工业总产值 1180.44 亿元,利润总额 62.22 亿元,完成出口交货值 421.03 亿元。

目前,宁波纺织服装产业集群效应显著,产业链完整。多年来,宁波服装业实施名牌战略,已拥有雅戈尔、杉杉、太平鸟、博洋、维科、GXG、马威、雪狼等一批全国著名服装品牌。品牌建设上,宁波服装业有 20 个中国名牌和 26 个中国驰名商标,位居全国纺织服装产业集群前列。产业内已形成一批设计研发、品牌创意、商业运营、品牌经营、文化经营的复合型时尚产业运营企业,服装产业已经进入时尚产业发展之途。

二、时尚产业是宁波服装业发展的必然指向

经过改革开放近 40 年的快速发展,宁波服装业正在走向成熟。然而近年来,品牌竞争愈加激烈。长期处于国内服装市场竞争优势地位的宁波服装业,随着山东、福建、广东等服装业区域的发展,其传统优势地位正在受到挑战。国际市场萎缩、产业链分工调整、成本优势下降等市场环境变化带来的巨大冲击,服装产业过去所依靠的经济的快速增长、市场消费刚性需求的增长条件改变,靠速度、规模、数量、低成本等要素禀赋的条件发展的时代已经结束。中国的服装品牌与国际品牌有较大的差距,中国是服装制造大国,但缺乏国际时尚的话语权。在全球化影响下,各国的时尚趋势正变得日益趋近。服装企业的文化创意能力、研发设计能力,将在未来市场竞争中起到决定性作用。

在一系列因素影响下,宁波服装踏上了深度转型之路,产业时尚化成了一个关键的突破口。宁波服装企业已经向时尚产业转变,自创品牌在产品品质、创新意识、快速反应能力、新型市场模式开发等各方面都得到了整体提升。"宁波装"正从赚取低廉加工费的"中国制造"时代转向具有品牌附加值的"品牌经营"时代。处在转型升级通道上的宁波服装业,正处于时尚产业起步阶段,紧跟时尚潮流和全球创意发展趋势,用时尚元素树立产业新优势。未来服装产业既是宁波市的传统优势产业,又是城市经济支柱产业,更是宁波城市发展中的核心时尚产业。

三、宁波时尚服装业发展优势

时尚产业是中国服装产业转型升级的重要指向,文化驱动作用会日渐显著。服装产业利用文化特征,在时尚产业链中走向高端,抢占流行引领权。在这方面,宁波具有强大的文化优势。

(一)文化传承与国际交流影响深远

宁波是河姆渡文化的发祥地,其人文积淀丰厚,历史文化悠久。宁波"以港兴市",是中外闻名的商埠。凭借港口的优势,宁波自古以来就是我国重要的交通贸易口岸和海上丝绸之路的始发港之一。历史上,宁波是与日本及东南亚一些国家通商的主要港口,商业文化氛围浓厚。

作为中国近代服装的发祥地和重要的生产基地,宁波以"红帮"为代表的服饰文化已经成为宁波的一张城市名片。宁波是近代服装发祥地之一,"红帮裁缝"的故乡。"红帮裁缝"是中国服装史上一个响亮的名字,是中国近现代服装改革的先驱。它开创了中国服装的新纪元,填补了中国服装业的一个空白,创立了"中国第一套西装"等多个"第一",精益求精的工匠精神和工艺创新是"红帮裁缝"文化的精髓,它滋养出了雅戈尔、杉杉、太平鸟、罗蒙、培罗成等一大批服装品牌。

宁波不仅是全国历史文化名城,而且是"东亚文化之都"。作为东亚文化交流的桥头堡,宁波开展了形式多样的文化活动,重点通过文化交流与合作、文化产业合作、非物质文化遗产保护与传承、公共文化服务体系建设经验交流与共享,带动城市和市民更积极地参与东亚区域文化合作。

丝路文化是纺织服装产业的鲜活动力。宁波的城市口号是:书藏古今,港通天下。从历史文化角度来讲,宁波是一个文化底蕴深厚的城市。它既是古代商贸的重要口岸,又是目前中国重要的大港,也是海上丝绸之路的起点之一,更是一个现代时尚的港口城市。2015 年 9 月,宁波港与舟山港正式合并,宁波—舟山港已成为名副其实的全球第一大港,宁波在世界开放格局中的地位举足轻重。宁波正以港口为纽带,联手沿海、沿线城市,共同打造国际港口联盟和港口经济圈,努力建设亚太地区重要的国际开放门户和"一带一路"倡议的支点城市。海上丝绸之路虽然始于商贸,但是源于文化的交流。"一带一路",不仅是一个国内市场的概念,更是一个国际化的概念。宁波与海上丝绸之路频频亲密接触,连续多年举办海上丝绸之路文化节活动,丝路文化以鲜活动力驱动宁波时尚产业走向国际。

（二）经济与消费实力较强

时尚需要经济做后盾,经济的发展带动时尚发展。例如,18世纪末的英国工业革命大大推动了英、法等国的经济,巴黎和伦敦的纺织服装业随之迅速发展,雄厚的经济实力是国际服装中心形成和发展的物质基础。城市时尚发展以经济发展为基础,城市经济为时尚提供基础购买力。购买力一方面依托城市自身的经济发展和既有居民的收入水平;另一方面,依托城市辐射力,即对外来购买力的吸纳,两者共同构筑城市时尚经济发展力量。随着经济的发展,人们的收入不断增加,城市里中产阶级的队伍逐渐扩大,他们的消费水平及生活品质均有了大幅提升,成长为时尚消费的主要力量。逐渐壮大的这一力量引领着社会主流生活方式的风向,而时尚氛围的建设相应地也会促进市场的发展,推动经济建设,这是一个良性循环的过程。因而,经济的发展为时尚产业孕育了潜在的巨大市场,促进时尚消费的发展,从而促进时尚产业的良性、快速发展。

从时尚城市评判指标来看,宁波城市时尚力经济基础厚实。在经济发展方面,宁波是中国的东南沿海发达地区。宁波市统计局公布的数据显示,2015年,宁波市城镇居民人均可支配收入47852元,同比增长8.4％;人均生活消费支出29645元,居全国领先水平。从经济发展水平看,宁波居民消费已经基本完成由生存型向发展型的转变。依国际经验判断,此阶段的消费率将在相当长一段时期内保持持续上扬的态势,成为拉动经济的主要动力。强大的经济实力为宁波城市时尚力提供了厚实的购买力基础。市民不再生活在温饱型的社会中,而会积极追求温饱以外的精神价值。休闲的文化和享受生活的观念让时尚很快地融入了人们的生活当中,居民会将更多的资金用于时尚产业。

（三）时尚文化产业基础良好

近年来,宁波高度重视文化产业的发展,始终把做大、做强文化产业作为重要的战略任务,把文化产业作为结构调整、产业转型升级的重要内容和动力,以文化为核心把文化产业发展作为区域文化传承和创新的重要途径。文化产业呈现出增长速度不断加快,产业规模不断扩大,产业结构不断优化,集聚水平不断提高的良好态势。"十二五"期间,宁波市文化产业增加值年均增长 13.5%,2015 年全市实现文化产业增加值 328.6 亿元,占全市 GDP 的 4.1%,文化产业增加值在总量上排名全省第二,在占比上排名全省第三,尤其是文化制造业总量,在全省居于首位。①

目前,宁波已有省级、国家级文化产业示范基地共 5 个,国家级文化产业出口重点企业 15 家、省级文化产业出口重点企业 13 家,建成 30 余个各具特色的文化创业园。2015 年全市文化法人单位机构 25856 家,实现文创产业增加值 565.14 亿元,占全市 GDP 的 7.1%。② 文创产业已成为宁波经济发展的支柱产业。在 2015 年发布的中国文化城市 100 强中,宁波排名第七,彰显了宁波文化产业良好的基础。

从厚重的河姆渡文化、开放的海上丝绸之路商帮文化到"红帮裁缝"独具创新的文化,从历史文化名城到现代"东亚文化之都",从宁波港、宁波帮、宁波装到中英时尚设计学院,宁波拥有"中国历史文化名城""中国服装之乡""中国水貂皮服装产业基地""中国针织名城""中国品牌之都"等多张城市名片,文化已然成为宁波服装产业发展重要的软实力。

第三节　宁波服装业时尚化发展分析

一、服装业是宁波时尚产业发展的重要领域

从历史的角度来看,城市的产生和发展主要依赖于制造、加工业的繁荣,然而,当今国际发达城市的经济模式已经开始依赖于时尚产业。时尚产业的发展是城市发展的内在要求。在多数城市中,各类时尚需求已经成为城市经济活动得以正常运行的基本条件,因此,城市经济的繁荣在很大程度上越来越依赖于时尚经济的发展。巴黎、米兰、纽约、伦敦、东京都是在确定服装产业的主导地位后,通过服装产业链的整合,塑造了各具特色的服装文化与服装经济,从而成为举世公认的世界级时尚中心,而服装产业是贯穿始终的核心。

---

① 甬派. 全力打造文化产业升级版[EB/OL]. (2016-04-11)[2016-07-04]. http://news.cnnb.com.cn/system/2016/04/11/008492914.shtml.

② 数据来源于《宁波市"十三五"文化产业发展规划》。

宁波的城市发展需要时尚产业,不断提升高技术服装制造业,大力发展服装文化创意产业是产业战略。近年来,浙江省政府、宁波市政府对宁波服装产业发展的宏观规划持续提升了宁波服装的时尚化程度。2015 年 6 月,浙江省发布《浙江省时尚产业发展规划纲要(2014—2020 年)》。该规划主要依据浙江省现有产业基础及未来发展趋势,选择一批具有较大带动性、较快成长的时尚产业,作为重点发展领域,主要包括时尚服装服饰业、时尚皮革制品业、时尚家居用品业、珠宝首饰与化妆品业和时尚消费电子产业等五大领域。该规划依托浙江省服装服饰业基础,将时尚服装服饰业作为浙江省时尚产业发展规划之首。时尚服装服饰产业的发展目标是:重点发展丝绸、女装、男装、童装、休闲装、纺织面料等;紧跟国际时尚流行趋势,积极发展一批快时尚品牌产品;通过加强传统元素与现代元素的融合、中国元素与国外元素的融合,设计具有时代特色的时尚服装;倡导发展以绿色纤维、高感性纤维、功能性纤维等作为面料的服装服饰,突出服装服饰的功能性、美观性、舒适度以及高附加值;将浙江打造成为国际丝绸时尚中心、中国时尚纺织面料中心、国内领先的时尚服装基地。

由宁波市政府发布的《宁波市时尚产业名城建设规划(2015—2020 年)》亦将服装服饰业作为时尚产业重点发展领域。规划强调以时尚为关联点,依托现有产业基础,顺应全球时尚产业发展历史潮流,以服装服饰、家纺家居为核心领域,以智能穿戴、智能家居、交通生活为新兴领域,加快产业时尚化、时尚产业化、时尚产业国际化发展,逐步形成产业特色明显、高端要素集聚、国际影响较高的时尚产业结构。构建以时尚服装服饰与时尚家纺家居为核心的"2+1"时尚产业结构。

(1)时尚服装服饰。以针织品、西服、衬衫、休闲装、职业装等为发展重点,开发一批标志性、带动性强的时尚产品。开发服装产业技术研发平台,研发一批具有自主知识产权服装共性和关键性技术的项目,重点提高信息化技术在服装上的应用。发展针对皮毛、皮草、皮件、皮具等的时尚新品,纵向延长裘皮产业链、横向扩展裘皮产品品种。加快提升皮革制品的设计水平、创新能力,推进自主品牌建设。

(2)时尚家纺家居。支持高端家纺产品个性化,推进家纺成品定制市场发展。优先推动宁波家纺龙头企业的发展,开展高端定制服务,加大对功能性、艺术性、个性化等细分领域的开发等。

二、宁波服装业时尚化制约问题

近年来,随着服装业的深化转型升级,宁波服装业时尚化水平逐步提高,创新能力逐步增强,但与国际时尚名都巴黎、东京、伦敦、纽约以及新兴时尚之都(新兴产业名城)深圳、广州、上海、杭州等相比,在服装业时尚化进程中,宁波仍存在时尚化美誉度不够高、时尚运作能力不够强、时尚服务体系不够完善等制约因素。

(1)时尚化美誉度不够高。一是宁波服装业缺乏具有较强国际影响力的品牌企业,部分品牌企业虽然已经受到国际时尚圈的重视,但其所占的市场份额相对较小,在市场竞争中依然处于价值链的中下游。二是时尚影响力较小,缺少具有国际竞争力的本土时尚品牌和时尚企业,"宁波时尚"的权威性、引领性和国际知名度较弱,与国际友好城市中时尚名城的深度合作不足,与纽约、巴黎、米兰的差距相当明显。三是缺乏时尚设计领军团队、领军企业。创意设计企业服务能力有待提升,大多数企业处于创业初期,存在企业规模较小、知名度不高、人才缺乏、设计对接信息不对称等问题,对时尚产业的服务水平和成果转化能力仍然不高。

(2)时尚运作能力不够强。一是时尚产业人才、时尚名人、时尚达人集聚受限。由于缺乏本土高端的时尚设计、制造、研发人才院校,宁波企业招聘需要从国内一线城市引进大量人才,造成了成本畸高、人才难留、流动性较大等问题。二是时尚承载潜力有待发掘。在时尚产业高端要素集聚、吸引力方面,与上海相比缺乏优势;在时尚活动方面,宁波还不是最丰富的城市;在时尚文化、时尚品位建设方面还存在不足。

(3)时尚服务体系不够完善。一是企业分工协作有待进一步提高。专、新、特的中小型服装企业和配套机构与大型品牌企业之间的专业分工程度有待深化。品牌设计、时尚商务、服装物流、面辅料制造、服装工艺等新型专业化中小企业和机构有待培植。二是时尚行业协会运作较弱。目前,与时尚产业相关的行业协会依然较少,具有较强时尚企业推介能力、较强区域时尚名牌运作能力、较强时尚资源整合能力的行业协会较为缺乏。三是时尚传播影响力不够大。宁波至今没有一份发行广泛的专业服装时尚杂志,没有一个时尚频道,缺少时尚传播媒体。

三、宁波服装业时尚化发展建言

(一)精准区域定位,协同与错位发展同步

近年来,北京、上海、广州等地积极发展时尚产业,国内一线城市时尚产

业发展竞争格局初显。以时装、箱包、皮鞋、服饰配件、家纺等为核心的服装服饰产业是上海时尚产业的基础领域和主体部分,打造成为品牌荟萃、市场活跃、消费集聚、活动突出、影响力大的新兴国际时尚之都、国际时尚潮流的策源地是上海时尚产业的发展思路。上海时尚产业的总体目标是营造国际时尚之都,构建东方明珠之城,逐步成为国际时尚展览展示和体验消费中心、东方时尚创意设计中心、长三角时尚贸易流通中心和国内时尚人才培养服务中心。宁波,作为国内二线城市,作为长三角南翼的经济重镇,作为《长江三角洲城市群发展规划》的都市圈同城化发展的重要城市之一,处在经济高速发展的长三角经济圈内,区域经济的互补性和联动性,都对宁波经济起着不可忽视的拉动作用。因此,宁波的时尚产业发展必须从区域范围精准定位,既要与上海协同发展,又要与上海错位发展,充分利用上海的都市资源,主动接受上海的辐射,加大与上海对接的步伐,形成与上海协同、错位、补位的时尚产业格局。

(二)全方位提升服装业时尚话语权

近年来,中国服装品牌加大了对设计和渠道的投入,但打造国际品牌最大的障碍是时尚话语权的缺位。服装业由传统制造业向现代时尚业转变,建立时尚话语权,需要融入更多的新元素。文化是时尚产业的基因,时尚文化是时尚产业的内在动因,它们的水平决定着时尚产业的生命力。世界知名的时尚之都通常都具有鲜明的文化特质和浓郁的时尚文化氛围。像国际时尚之都米兰,其令人向往的原因绝不只是引领国际时尚的时装这一方面。有人曾有些夸张地说:"在米兰,连乞丐都很时尚。"幽雅的城镇、安静的生活、得体的衣着、礼貌的人们、和谐的社会环境等,都是米兰令人向往的原因。致力于文化建设,方能提高品牌的美誉度,赢得可持续发展。宁波应通过艺术展览、艺术节、研讨会和时尚论坛等形式多样的文化活动,大力营造浓厚的时尚文化氛围,提高大众对时尚的认知水平,提高居民服饰文化素养,倡导文明消费观,加快时尚文化全民化。提供更便捷的时尚生活体验,开放更多的时尚场所,开展更适用的时尚教育培训,支持更多市民体验时尚、参与时尚、引领时尚,努力营造时尚文化氛围,展现时尚文化气息,塑造时尚文化基因,凝聚时尚共识,引领时尚思潮,建立时尚生活的新方式和新理念。

宁波应加强培育国际服装品牌,提高服装产品和服务的附加值,加强科学技术与文化艺术的融合创新,倡导品牌专业化、精细化发展,提升自主品牌竞争力。鼓励品牌"走出去"和国际化，以国际时尚品牌为目标，鼓励有条件的宁波企业推出高端时尚品牌，投资、收购、兼并国内外知名品牌企业，通过品牌特许、品牌授权、品牌代理、加盟连锁等方式参与国内外一线时尚品牌的合作与运营，引进国内外知名企业和品牌。

宁波应推进装备智能化、生产过程智能化，实施智能时尚，用智能化替代人工化，加速纺织服装企业从劳动密集型向服装自动化制造和部分智能自动化制造转型。

宁波应加快打造时尚商圈，增强服务体验与消费体验，繁荣时尚商业环境。以和义大道（海曙区）、天一广场（海曙区）、万达广场（鄞州区）、老外滩（江北区）、世纪东方广场（江东区）等五大成熟步行商业圈为重点，拓展联盛广场（鄞州区）、巴黎春天百货（鄞州区）、银泰百货（鄞州区）、万达广场（江北区）、宁波绿地中心（江北区）等商圈，不断提升商圈的时尚承载力、竞争力和辐射力。

宁波应发展"互联网＋时尚"新业态，积极探索时尚商务模式，推动一批具有较强竞争力和影响力的时尚品牌，构建国内知名商业零售终端渠道。

总之，营造时尚文化氛围、建设时尚品牌、实施时尚智造、促进时尚消费、探索时尚商业模式是全方位增强宁波服装业时尚话语权的有效举措。

（三）完善时尚服务平台，构建立体时尚服务体系

提升时尚信息发布、时尚产品推广的专业性与商业性，建立时尚产业设计服务平台、公共服务平台。宁波应以和丰创意广场为基础，通过完整的配套设施，体系化地开发引进设计服务项目，重点打造时尚设计平台。大力扶持原创性时装设计，加强与国内外设计界的广泛合作，引进一流时尚设计大师，在宁波设立创作基地，形成国内先进的纺织服装产品设计时尚创意基地。

完善时尚会展平台。1997年，宁波举办了第一届国际服装节，将宁波服装产业推到了国际交流的前沿，为宁波服装企业提供了展示实力的舞台。宁波应继续发展各类综合和专业时尚会展活动，重点支持覆盖全国并具有国际影响力的时尚会展活动，重点发展专业化、特色化的时尚会展活动。鼓励本市时尚企业参加国内外时尚会展活动，开拓国内外市场，积极举办具有国际知名度的重大会展，加强"展、会、节、演、赛"的有机结合，延伸时尚会展产业链。

　　传播媒介导引时尚方向。作为时尚类产业，服装产业的时尚文化需要现代化的传播方式，具体到以数字化、网络化为代表的现代信息技术，数字卫星电视、IPTV、移动电视、手机电视、电子商务的模式迅猛发展推动了传播方式的巨大变革，互联网已成为覆盖广泛、快捷高效、影响巨大、发展势头强劲的大众传媒，深刻影响着人们的生产方式、生活方式、思维方式和思想观念。

　　宁波应加快立体时尚传媒体系建设，支持主流媒体开发、策划、提升时尚栏目，精心制作一批推介时尚产业、宣传时尚文化、传播时尚理念、展示时尚产业的专题片与纪录片。加强对本土时尚媒体平台的培育与扶持，开设专门的时尚经济产品推介、时尚人物访谈等栏目。支持网络媒体与通信运营商、国际时尚传媒集团开展战略合作，加快引进、推出国际时尚频道，共同开发网络传媒市场，提供更加丰富的时尚文化内容。

第四章　城市文化视域下宁波时尚产业发展案例分析

——以文创业为例

随着经济全球化步伐的加快,城市不得不置身于和企业相似的竞争态势中。近几十年,文化产业已经为欧美西方城市带来经济和符号价值,发展文化产业已成为当今世界知识经济时代的主流,文化创意和经济发展的结合,使得发展文化产业既是文化政策,也是经济政策,以文化产业拼经济产值已是很普遍的趋势。而在中国城市快速发展的今天,宁波如何能找到自己的优势,保持并提高自己的可持续性竞争力,对特色文化产业进行城市营销是获取更多发展资源的重要手段,且对宁波城市竞争力的提升具有积极作用。

本章通过构建理论综述、实例分析、对策建议三个板块,理清了宁波特色文创产业的概念特征与发展现状,并结合城市文化,对宁波文创业进行了系统梳理和实例探讨,并以此为基础提炼宁波文创业拟拓展的对策和方向。

第一节　宁波文创业概述

一、概念特征

文化创意产业是一种在经济全球化背景下产生的以创造力为核心的新兴产业,是一种强调主体文化或文化因素依靠个人(团队)通过技术、创意和产业化的方式开发、营销知识产权的行业。文化是土壤,创意是种子,产业是果实。创意产业最初并不是作为一个独立的产业被提出的,它的内涵与文化产业息息相关,但其外延小于文化产业,专指通过知识产权开发和运用的那部分,是文化产业的源头与动力。因此,学者通常将文化创意产业的核心理念概括为四点,即个人的创造力、受知识产权保护、具有文化内涵、对财富的巨大创造能力。

文化创意产业的概念最早出现在英国,英国是世界上第一个提出创意产业概念的国家,也是第一个利用公共政策推动文化创意产业发展的国家。1998年,英国创意产业特别工作小组率先将创意产业界定为"源自个人创意、技巧及才华,通过知识产权的开发和运用,具有创造财富和就业潜力的行业"。2013年,国家民委在开展民族文化保护与发展研究培训期间,世界创意产业之父、英国著名学者约翰·霍金斯为学员授课,对英国的文化创意产业进行了系统、深入的讲解,加深了我国民族文化工作者对文化创意产业的认识和理解。文化创意产业已成为英国仅次于金融服务业的第二大产业,其帮助英国实现了由以制造业为主的"世界工厂"向以文化产业为主的"世界创意中心"的成功转型。① 英国文化创意产业发展的成功经验对我国产业结构转型升级具有重要的借鉴意义,也给我国的民族文化产业化发展带来诸多启示和思考。

二、发展现状

目前,宁波文化创意产业呈现出高增长、多样性、集聚化的发展态势,文化产业已从单一的影视、文具制造、工艺美术等,发展到初步形成现代传媒、演艺、会展、创意、文化旅游、动漫游戏等一批现代文化产业群。从国家动漫游戏原创产业基地落户宁波到打造浙江首个微电影产业园区,从设立首家文创银行到建立国家级广告产业试点园区,从建设和丰创意广场到建设创新128园区,宁波的文化产业园区集聚发展,迸发出开拓创新的巨大活力。《2013年宁波市国民经济和社会发展统计公报》显示,2013年宁波全市文化及相关产业实现增加值316.94亿元,比上年增长15.69%,快于GDP增速7.39百分点,文化产业增加值占GDP的4.45%,比上年提高0.29百分点,整体继续呈现增速逐步加快的良好态势。2015年5月,宁波市委、市政府召

---

① 傅蜜蜜.文化创意产业发展比较研究——以广州和英国城市为例[J].城市观察,2016(1):135-146.

开了全市文化产业发展会议,提出宁波要建设文化强市,出台了《宁波市文化产业发展三年行动计划(2015—2017年)》,推出了一系列重大举措,力争在三年内实现文化产业总投资超过千亿元,这标志着宁波文化创意产业即将迎来井喷式大发展。

三、现状分析

从纵向比,宁波文创业较以前有了较大发展,但相比于长三角其他主要城市,仍有不少问题,主要表现在以下四个方面:

(一)总体技术含量不高,核心竞争力不强,发展后劲不足

宁波文创业的总体技术含量不高,核心竞争力不强,发展后劲不足。宁波文创业自身的产业链未能进行有效整合和延伸,缺乏对核心技术的掌握和控制。宁波的文化创意企业大多集聚在生产复制环节,处于价值链的低端,尤其是影视动漫、设计服务、游戏、数字出版等科技型文化创意产业,普遍存在上游设计原创不足、中游生产环节科技含量不高、下游营销能力不强、发展相对落后、所占比重偏小等问题。在文化创意产业构成中,核心层和外围层所占的比重和总量明显偏低,呈现核心层竞争力不强、外围层覆盖面不广、相关层产品关联度不强的局面。这种不合理的产业结构,影响了文化产业的后续发展。

(二)体制制约,管理分散

文创业和其他产业一样,需要政府引导、扶持。上海、杭州、南京都有专门的指导、扶持机构,有数额较大的文化产业发展专项资金。2016年,杭州设立的市文化产业专项资(基)金规模逾5亿元,其中创业引导基金2亿元。人才培养和引进专项资金0.3亿元,创意产业专项资金2.8亿元。[①] 宁波只设立了文化产业发展专项资金,这使得宁波的文创业在起步阶段就落后于长三角其他主要城市。虽然目前宁波也有宁波市文化产业促进会、宁波市创意产业协会、宁波文化创意协同发展联盟等诸多相关机构,但是以平台形式居多,很多并不具有政府职能,也就是缺少实质性的扶持手段。因缺少专门机构而产生的多头负责、分散管理的局面在体制上制约了宁波文创业的发展。

---

① 应晓清.大力发展文化创意产业,提升宁波城市竞争力[J].浙江工商职业技术学院学报,2013,12(2):1-5.

（三）业态零散，未成规模

一方面，宁波文创业在近几年涌现出了一批创意产业园，这些创意产业园是产业集聚的一种表现方式。但总体来说，整个文化创意产业还是处于零星分散状态，没有形成明显的规模，有些园区定位不准确，产业化水平低，甚至重复建设。与邻近的杭州相比，无论是在文创业的业态、人才聚集还是在总量上都有很大的差距。另一方面，文化创意企业不同于制造类企业，其无形资产占比大，且难以评估，文化创意实际发生产值较低。在以上因素的影响下，这些企业向银行贷款融资难度较大，在一定程度上制约了企业的发展。

（四）挖掘不足，起步滞后

文化是创意产业发展的基础和源泉，宁波具有深厚的文化底蕴。但因地制宜地挖掘城市文化，打造文化创意产品品牌，尚未取得实质性的效果。在当前各大城市都在提升文化产业层次，文化创意产业以新的增长速度和支柱产业形态出现的情况下，宁波的文创业还处于挖掘文化底蕴不足、寻找文创业业态的阶段。

第二节　宁波文创业与城市文化

一个城市的文化已成为城市的特征和居民生活品质的表现，这种特征和表现正基于全球化的发展逐步走向整合。全球兴起利用文化创造资源的新思维，文化建设已成为世界各国"推销"城市的重要手段。近几十年，文化产业已经为欧美西方城市带来经济收益和符号价值，原本是居于地方经济的边缘角色，现其在城市政策中的可见度和地位已被逐步提高。文化产业带来的经济增长效应，增强了城市的硬实力，使一个城市在激烈的竞争中取得了领先地位。在软实力方面，文化产业通过文化渗透效应，重塑城市的整体形象，为城市带来巨大的品牌效应，吸引大量的人才和资金，提高城市的地位与品位。文化产业对城市的硬实力和软实力的影响，共同增强了一个城市品牌竞争力。

宁波是历史文化名城、长三角南翼经济中心，地理位置优越，文化底蕴深厚。宁波拥有丰富的人文资源，集合了史前文化、藏书文化、儒商文化、佛教文化、青瓷文化等多种资源，为发展文化创意产业提供了资源基础和竞争优势。

一、城市文化是文创之源

细数宁波文化,可以从以河姆渡遗址为代表的史前文化开始,宁波文化包括了以天童寺、阿育王寺为代表的佛教文化,以上林湖越窑遗址为代表的青瓷文化,以"十里红妆"为代表的浙东婚俗文化,以"红帮"为代表的服饰文化以及海上丝绸之路文化和丰富的民俗民间艺术文化。这些富有特色的城市文化,是摆脱"千城一面"的稀缺资源,给宁波文化产业以深厚的精神底蕴,宁波的文化产业也被赋予了充满文化气息的品牌性格,既提升了文化产业的竞争实力,又产生了巨大的经济和社会效益。所以,城市文化是文创之源,传统文化和时尚经济不是相对的,文化是时尚经济产品中重要的价值要素,文化构成经济产品重要的观念价值。抓住城市本身的文化,能更好地推动时尚经济的发展。

二、文创业的功能与意义

当今世界文创业越来越表现出强大的生命力,并且已经成为衡量一个国家或地区综合实力和竞争力的重要指标。文化产业的发展能够提升国家软实力,有助于富含中国文化内涵的产品和服务走向国际市场。一方面,可以为中国传统制造业打开新的市场;另一方面,能够加快我国新媒体、动漫、网游等新兴产业的发展。更为重要的是,这些产业的发展也是弘扬中华文化、输出中国价值观的有效载体。让世界更客观地了解中国,提升我国的国际形象,增强国家的软实力。

宁波作为我国长江三角洲的南翼城市,面对激烈的国内外竞争,力争通过提升城市文化产业,抓住发展的机遇,规避衰退的风险,最大限度地吸引国内外的投资者。国家提出"一带一路"的重大倡议,而宁波作为海上丝绸之路的起点之一,将在"21世纪海上丝绸之路"的建设中发挥重要作用。城市文化建设与文化产业发展实力的积累,除了能培养人文精神、促进经济产业成长和孕育城市的相对竞争优势外,还可优化城市发展的资源配置。因此,文化创意产业可被视为兼具文化、经济乃至城市整体发展等多功能的前瞻型产业。学者向勇等(2009)从实践的角度分析了中国文化产业在近十年间的重要政策、法规文献的发展进程,并提出了中国文化产业的热点和核心问题。学者孙华翔(2006)等也相继提出文化产业化的焦点,认为文化产业的核心价值在于文化创意的生成,而其发展的关键在于具有国际竞争力的创造性和文化特殊性。

（一）转变经济增长方式的"加速器"（经济功能）

宁波是制造业大市，但也是资源小市。近年来，宁波经济社会发展越来越受到土地等资源要素的制约。被称为"无烟产业"的文化创意产业成了宁波由传统工业化向新型工业化转变、工业型经济向服务型经济转变的新"蓝海"。

（二）形成城市差异化的"标杆"（社会功能）

提起北京，人们会想到故宫；提起西安，人们会想到兵马俑；提起杭州，人们会想到西湖。那么提到宁波，人们会想到什么？抓住宁波特色文化，创新创造特色文创产品，从产品衍生到产业，通过文化演绎、加强感知效果，宁波就能与长三角一、二线城市形成差异化竞争，而文创业正是形成城市差异化的标杆。

（三）传承城市文化的"承载元"（文化功能）

文创业的发展必然带动城市文化的创新和传承。文创产品本身就是文化的衍生品，它承载了传统文化的精神和符号，是传承和保护文化的一个重要手段，能很好地起到传承保护与创新发展兼顾并行的作用。

第三节　宁波文创业实例分析

近年来，随着地方政策对文创业扶持力度的加大，宁波文创业在文化传媒创意、时尚消费创意、非物质文化遗产开发创意等企业的带动下，涌现了一批原创性的文创精品。具体案例如下：

一、演绎中国文化的原创动画案例

在宁波诸多本土动画公司中，宁波民和影视动画股份有限公司算得上是佼佼者。该公司先后投资拍摄了两部具有影响力的动画影片《少年阿凡提》和《那萨尔丁》。其中104集的《少年阿凡提》是由宁波市委宣传部、新疆维吾尔自治区党委宣传部、民和影视联合出品的，2012年获得浙江省第十一届精神文明建设"五个一工程"特别奖、第四届年度最具产业价值奖和中国年度十大最具产业价值影视动画形象奖。

宁波民和影视动画股份有限公司致力于文化创意产业的多元化发展，以文化挖掘为先导，选取极具影响力的文化人物符号作为创作主题，以动画影视剧创作为主要手段,以文化品牌影响力的打造与推广为终极目的,积极构建现代新经济下的新型产业格局。利用《少年阿凡提》和《那萨尔丁》动漫影视作品突出文化品牌,动漫产业的集聚效应让品牌影响力迅速形成。

民和影视把动漫影视作为切入点,将传统文化、地方文化作为时尚文化产业并且将其延伸到实体经济。民和影视最大的工程是在宁波国家高新区建立的"民和惠风和畅文化产业园",文化产业园区凝聚了五大功能:①打造一个文化创意产业发展的专业孵化器平台;②利用《少年阿凡提》《那萨尔丁》品牌影响力形成动漫产业集聚效应,拉动一批原创动漫兴起;③利用民和影视的服务产业优势,建立一个为文化创意产业提供有效金融、财务、评估等专业服务的体系;④打造动漫互动体验馆和少年拓展体验互动中心;⑤凭借民和影视的博物馆的优势,开发挖掘海上丝绸之路这一宁波的非物质文化遗产。

从民和影视的产业结构我们可以看出,《少年阿凡提》《那萨尔丁》等原创动漫影视作品,不仅着眼于纯粹的内容制作,他们还以动漫形象为品牌,打造动漫二次元产业,也就是以动漫原画、游戏 IP 为核心,构筑文化、产品、互联网三位一体的时尚经济和产业模式。具体形式是通过合作平台联通影视创作与周边产品开发,一边在线上播放动漫作品,一边在线下开展粉丝互动与体验等活动。这样做的主要目的是挖掘动漫的 IP 价值。目前主要是通过跟宁波本土的品牌推广企业合作,针对地域性品牌互动社交群体,规划和打造以动漫形象为核心品牌,以同名系列图书、桌面游戏、线下体验乐园及其他二次元系列产品等为内容的时尚经济产业链。

宁波还有一批本土动漫影视企业正在探索与一些品牌推广商和文具、服装、休闲、旅游、教育等相关企业的合作。通过搭建品牌授权合作平台,能加强动漫企业与金融机构、动漫企业与相关行业平台、动漫产业和文具、服装、体育、旅游等产业的深度合作,实现宁波动漫影视产业与时尚经济的跨越式发展。

二、创新婚俗文化的"十里红妆"案例

"十里红妆"是存在于浙江东部地区的一种婚俗,"十里红妆"可以追溯到宋朝。当时的婚嫁,特别是大户人家的婚嫁,娘家一方面想炫耀自己家的财力,另一方面希望女儿在夫家具有一定的地位,因此不惜财力,婚嫁攀比之风日盛,"十里红妆"便应运而生。"十里红妆"不仅是古代习俗的一个缩影,更包含了往昔很多的风情。"十里红妆"器物也独具地域文化特点,对选材的要求和做工的严格考究让现代人和现代制造工艺望尘莫及。宁海"十里红妆"婚俗以其浓厚的传统韵味和精湛的艺术价值入选 2008 年国家级非物质文化遗产名录。

在发掘、抢救、保护、研究"十里红妆"的基础上,浙东特有的婚俗文化已不再只是一种传统风俗,而是逐渐开始形成婚庆产业,如冠以"十里红妆"的婚庆公司,将"十里红妆"传统婚庆礼仪、婚庆流程、婚庆器具、婚庆信物融入或局部融入现代婚庆策划中,提升了婚庆的品位,让新人的终身大事具有浓郁的文化特色和传统风味,让参与婚礼的人感受到历史人文的魅力。

浙江省文联、浙江省舞蹈家协会、宁波市文联历时两年共同创作了舞台剧《十里红妆·女儿梦》,全剧分"梦恋""梦别""梦月""梦嫁"四个篇章,以初恋、离别、诉思念、守望和成亲为主题,围绕江南的婚嫁习俗和广泛流传于浙江大地上的风土人情展开,用中国古典舞和浙江民间音乐舞蹈元素相结合的手法,展现江南女子一生中最唯美精致的"梦",用诗化的舞蹈语言、唯美的舞台设计和音乐,以及富有浙东风情的各种元素,将一个对爱充满了渴望的故事娓娓道来。该剧走出国门十余次,相继在美国、俄罗斯、澳大利亚、新西兰等国家和地区交流演出,打出了响亮的"宁波特色品牌文化"的招牌,向世界观众传播宁波民俗风情,展示了宁波文化品牌,为宁波文化"走出去"战略添上了浓墨重彩的一笔。

宁海"十里红妆"博物馆是一家展示古代女子生活的专题博物馆,也是省内规模最大的民间民俗博物馆。该馆展出了与明清江南富家小姐生活、习俗有关的家具、器物 1200 多件,自开馆以来,已接待各地游客十余万人,成为宁波市集保护、展示、研究、旅游于一体的文化新亮点、旅游新景点。

"十里红妆"是宁波历史文化中极具地方民俗价值的历史遗产,在现代时尚经济发展的大背景下,挖掘整理民俗文化元素和符号,结合当代流行与传播,将能更大地发挥地域文化的影响力和传统魅力,让时尚更有依托,让产业更有基础。

三、提升非遗魅力的金银彩绣案例

宁波金银彩绣是在真丝质地的面料上用各色彩线绣制、金线和银线盘绣而成的汉族民间手工艺品之一。2011 年 6 月,其以浓郁的地方特色和独有的民间风格、丰富的形象被列入第三批国家级非物质文化遗产名录。

金银彩绣,顾名思义就是将金银线作为基材,辅以各种色线,在真丝质地上绣制作品。其表现的主题主要是民间喜闻乐见的龙、凤、麒麟、福禄寿等吉祥图案。传统创作还吸收了敦煌壁画中藻井及戏剧补子图案,并结合宁波刺绣盘金、盘银的传统针法,创造了独具匠心的地方文化和民俗风格。

作为宁波当地最为知名的"三金一嵌"工艺之一的金银彩绣,对其构建非遗保护与传承的长效机制,是实现非遗有效保护的重要保障。宁波市于2008年提出实施非遗项目、传承人和保护基地"三位一体"、相互联动的非遗保护模式,该模式成为有效解决非遗传承和保护问题的创新之举。宁波在"三位一体"保护模式基础上推出"三位一体"评估指标体系,开展"三位一体"保护项目测评工作,由此涌现出了一大批"三位一体"优秀保护单位。

宁波金银彩绣有限公司作为金银彩绣的传承和保护单位,在2011年年初筹建了宁波金银彩绣艺术馆。该馆包括工艺流程展厅、宗教绣品展厅、创意家居饰品展厅和工艺收藏品展厅4个展厅,收集了明清以来珍贵的金银彩绣绣品300余件。宁波金银彩绣因注重研发而精品送出,如获第五届中国民间工艺品博览会金奖的《百鸟和鸣》,获中国(浙江)非物质文化遗产博览会银奖的《博古四条屏》,"镇馆之宝"、获第十届中国民间文艺山花奖的《甬城元宵图》。《甬城元宵图》长347厘米、宽192厘米,由鄞州区的5位艺人集体绣制,历时两年、近两万个工时,运用了20余种技法、数百种金银线和彩色丝线,体现了金银彩绣的全部工艺。

宁波金银彩绣艺术馆已成为收藏家进行艺术交流的场所、青少年民族民间文化教育观摩的基地和民间艺术展示的窗口。人们在这里不仅可以现场观摩,还可以动手学习刺绣。作为省级非物质文化遗产展示基地和生产性传承基地,该艺术馆已与浙江省民间美术家协会合作成立了金银彩绣专业委员会,聘请了中国美术学院教授来专门研究和创新产品,整理出版了有关史料,培养了一批金银彩绣工艺继承人。随着时代的发展,金银彩绣也不断地在适应人们的审美变化和现代时尚潮流的发展,其工艺制品不断创新和发展,被应用在床罩、绣衣、靠垫、门帘、桌布和女式背包等多种产品上。它既是工艺欣赏品,又是生活日用品,更是馈赠亲友的佳品。作为国家级非物质文化遗产,宁波金银彩绣近几年创新了诸多产品,并以此为特色,聚合了具有宁波韵味的工艺美术产业链,搭建以刺绣文化为中心的交流平台、技艺培训平台、营销平台。宁波将地方文化、历史遗产与旅游业等产业进行深入融合,在传统非遗中挖掘新机遇,同时通过市场运作、开发高端礼品、接受客户个性化定制等市场化手段,使宁波金银彩绣工艺更适合时尚经济与产业发扬光大。

四、"嗨宁波"系列产品案例

"嗨宁波"为宁波采墨视觉传媒有限公司于 2016 年 3 月推出的系列产品。内容是以宁波旅游手绘 3D 地图、"侬好,旧时光"画册为基础,结合宁波地方特产推出的宁波特色文化礼品。产品采用纯原创手绘创作,融合 AR(Augmented Reality,增强现实)技术实现线下线上的互动。通过"嗨宁波"App 扫描地图画面后在移动设备上会以模拟现实的技术方式出现地标建筑、对宁波城市文化的介绍、关于地方特色的动画和音频。"侬好,旧时光"画册上,脚踏式缝纫机、老式自行车、童年的发条青蛙等立体动画会跃然纸上。产品利用增强现实技术还原历史和过去的文化,给每个用户一个怀念过去的时刻,一个感受宁波文化的窗口。

同时,宁波采墨视觉传媒有限公司把"嗨宁波"系列的原创产品与梅龙镇蟹壳黄糕饼、汐源福鼎老白茶等这些宁波本地老字号企业产品相结合,推出礼品套盒。"嗨宁波"通过整合线上网店(采墨视觉传媒微店、淘宝店)、线下实体店(枫林晚书店、梅龙镇糕点铺、城南书店、汐源茶馆)、自媒体(1047 电台、创智人生、汐源茶艺)等多方渠道进行销售。产品一经推出就引来热烈反响,截至 2016 年 6 月,订单已超过 3 万套。宁波电视台、镇海电视台等地方主流媒体多次采访报道。

宁波采墨视觉传媒有限公司创建于 2012 年,是由一支年轻的团队创建的。当初三个合伙人都还是大学在校生,成立之初以手绘工作室的形式入驻宁波大学创业园。一年后,团队的 3D 手绘项目受到各方青睐,销售额突破百万元,但因业务单一,曾面临发展瓶颈。2015 年年底,宁波市大学科技园区孵化区管理方推荐采墨总经理魏睿参加宁波市大学生创业新秀大赛。通过这次比赛,"嗨宁波"项目被宁波创智人生投资管理公司看中,成功获得 100 万元的风险投资,这为企业的转型升级发展注入了巨大能量,为团队专注完善产品提供了资金保障。通过半年的努力,这支年轻的团队凭借"嗨宁波"系列产品,成功地在 2016 年 5 月获得浙江省第十届"挑战杯"创意创业大赛金奖。

"嗨宁波"系列产品以"互联网＋艺术"为基础,把 AR 技术与纯原创手绘完美结合,又将互联网与线下旅游特产结合,形成了一种可复制到其他城市的商业模式。这种用互联网思维做旅游文化产品的方式,一方面通过多种渠道宣传了城市文化,另一方面通过"原创产品＋特色产品"的方式放大了品牌价值。宁波采墨视觉这样年轻的特色原创产品新商业模式值得宁波文创企业,特别是创业团队借鉴学习。

第四节 宁波文创业发展对策

针对现状分析提出的宁波文创业存在的问题,相对应地提出以下发展对策:

一、培育本土特色文化产业品牌

应合理利用宁波历史文化资源。首先,宁波拥有 7000 年文明史,有丰富的文化资源,具备打造特色文化产业品牌的土壤。比如,徐霞客开游节、开渔节、梁祝爱情文化节,可将这些优秀的历史文化资源转化为旅游品牌,进而转换成经济优势。宁波市拥有的民间艺术资源极其丰富。截至 2015 年年底,宁波市已有国家级非物质文化遗产 23 项。这些遗产是无价的财富,但是现在大多数非物质文化遗产都因其缺乏经济效益而面临后继无人的困境。其中,宁波金银彩绣、宁波朱金木雕、奉化布龙、越窑青瓷、宁波泥金彩漆、宁海"十里红妆"等已经具备一定的影响力。要利用好这些民间的艺术文化资源,发挥它们原有的特点,用创意思维重新定义产品,通过系统化的策划、包装、营销去打开市场,从而将本土的文化资源转化为经济效益。在宁波市创意产业发展初期,政策上的扶持也尤为重要。应避免均衡发展模式,结合创意产业发展的实际情况,明确优势,对已经具备一定社会影响力的文化资源进行政策扶持,力求打造一批能够代表宁波本土的文创品牌。

二、加大扶持,加快投融资

第一,加快文化体制改革,推进政府职能转变。目前,我国现有的文化体制已成为文化创意产业发展的制度性障碍,特别是在文化管理体制方面,存在文化产业与文化事业的管理职责不清,对文化创意产业的发展定位不高、监管不强、措施不力等问题。因此,要发展文化创意产业,必须将文化创意产业与文化事业区分开来,明确文化创意产业的专门管理部门及其管理职能。

第二,形成文化创意产业监管体系。加强文化创意产业行业协会的建设,推进政府职能转变,实行简政放权,将目前由政府管理职能部门负责的制订企业产品质量与检测标准、评优评选等工作交给行业协会,激发文化创意企业的发展活力。

第三,加快解决宁波文化创意产业的投融资问题。主要途径有:①加强和改进对文化产业的金融服务。成立专门为文化创意产业服务的金融机构,为文化创意产业中众多的中小企业解决资金不足问题。②建立支持文化产业的金融配套体系。完善文化创意产业投融资中介服务管理体制;建立多层次的贷款风险和补偿机制,大力发展文化产业保险市场。③完善知识产权等法律体系,制定有利于文化创意产业无形资产评估、登记、质押、托管、处置变现等的管理办法;积极培育文化市场,为文化创意产业的产权交易的专业化服务提供保障,降低和规避文化创意产业投融资风险。④创新针对文化创意产业的投融资方式。从总体上来看,我国的文化创意产业投融资存在投融资渠道单一、投融资效率不高的问题。因此,创新文化创意产业投融资方式,拓展文化创意产业的投融资渠道,建立多元化、多形式的投融资体系,对解决文化创意产业的投融资问题有着重要意义。⑤加强文化创意产业的风险管理。文化创意产业的投资和融资相互联系、相互作用,共同诱发投融资风险。由此,必须进行事前风险预测、事中风险识别和事后风险评估,并建立起有效的风险监测体系,从而提出科学的对策。

三、建设平台,协同发展

要加强平台建设。平台是实现宁波文创业发展的重要基地,建设相关平台,服务地方特色文创业,有助于文创业的规模发展和协同创新。平台的建设能为文化创意产业的发展提供技术研发、产品发布、信息交流、教育培训等公共服务。建立网络信息服务平台,加大数字图书馆和专业网站建设的力度,及时搜集和发布工业企业及文化创意企业的需求信息,发布相关政策法规和行业的发展动态。实现工业企业及文化创意企业的快速对接,建立专业化图书资料库、数据库,如项目库、技术成果转让库、人才库等各类信息库,为企业提供文化创意的最新发展动态,以及市场的各类信息,如产品的供求信息、价格信息,同行的技术信息,政府的政策信息等。同时,要建立市场营销服务平台。为企业提供营销诊断、商机找寻、产品定位、卖点提炼、形象包装设计、宣传推广、渠道对接、订单导入等一系列营销服务。组织企业参加各类产品交易展示会、市场供需洽谈会以及国内外有关的考察交流活动,并指导帮助企业参加政府采购项目的投标等活动。顺应网络时代大众创业、万众创新的新趋势、新特点,规划新建或利用工业厂房、仓储用房等存量房产、土地资源改扩建一批集设计研发、品牌创建、时尚发布和公共服务等功能于一体的时尚产业园,打造时尚产业"众创空间"和集聚高端资源的"时尚创意谷"。支持有条件的龙头企业建设文创产业园,着力创建一批文创业示范园区,引领并带动文创产业协同发展。此外,还可建立技术创新服务平台以及国际合作与交流服务平台等。

四、重视培养和吸引创意产业人才

建立多层次多方面的创意产业人才的培养体系。引导高等院校培养相关人才的同时重视人才的职业培训,并给予相关的政策扶持。支持企业引进国内外高端的创意产业人才和成熟的创意产业团队,构建多个文化创意产业发展的人才聚集地,创造出能够使创意产业人才成就事业的大环境。

第一,加强人才培养力度。充分发挥宁波高等院校、职业培训机构的优势,设立文化创意产业的人才培养基地,建立多层次多方面的创意产业人才培养体系。鼓励宁波的高等院校开设与文化创意产业相关的专业。学校应重视培养学生的创造性思维以及实践应用能力,在对学生进行职业训练的同时积极引导学生进行跨专业、跨学科的学习交流。重视校企合作,发展一批高校紧密合作型企业,建设一些文化创意产学研基地。学校应注重培养学生的项目实操能力,引导学生在教师的指导下承接真实的文化创意项目。促进国际交流合作,建立教师互访、学生交换的交流体制。培养具备国际视野、适应国际化竞争的文化创意人才。注重创新人才储备,通过开展文化创意活动挖掘具备潜质的人才,不断扩大文化创意后备人才队伍。

第二,给人才发展创造良好的环境。建设有利于激发文化创意的社会生活环境。根据产业特性,文化创意人员需要有利于沟通交流的场所。所以,要建设一批小规模有特色的生活设施,如咖啡厅、茶馆、酒吧等,使其成为文化创意人才自由创意、思想碰撞的汇集场所。成立文化创意人才联谊会,建立文化创意人才交流平台。在开展各种联谊活动的同时,积极举办具有一定规模的展览、主题论坛。这不但方便了文化创意人员了解行业的前沿信息,也有利于发现新人,促进创意的推广。

第三,加强吸引高层次人才措施的力度。吸引高层次人才,形成一批文化创意领军人物、标杆式文化创意产业团队。最大化地激励人才的积极性,鼓励文创企业探索并建立以技术入股的收益分配机制。建立完善人才引进的各项政策。把引进文化创意高端人才列入宁波市高层次人才引进计划,明确专门机构实施文化创意产业领军人物和高端人才的引进计划。建立对文化创意高端人才的使用、管理的考核机制。高度重视创意产业专业队伍的建设,使其为宁波文化创意产业的发展提供智力支持。

五、重视版权资产保护

没有版权内容或者版权内容不是自己的企业多数只能提供服务,而有了版权资产,就算没有资金,也可通过市场化运作将版权资产转化为生产力。尤其是在文化创意企业中,版权资源就是企业的核心资产。首先,文创业发展的前提是对版权作品的创作、运用、管理和保护,也就是对版权资产的管理。这就需要控制版权资源,理顺版权归属,建立版权资产的管理制度。其次,文创业发展的重点是通过市场化运作、传播,实现版权作品的价值。加强文创类企业的话语权、主动权,提升版权作品的市场价值,让权利人的利益最大化。发展文化创意产业,拓展版权利用方式,提高版权运用水平,提升版权市场运作力,加强对版权交易平台的引导和监管。同时,加强对盗版侵权行为的打击力度,进一步规范作品登记和版权合作备案制度,完善版权价值评估、版权融资等制度。

六、依托地方制造业,发展数字文化创意产业

宁波有着良好的制造业基础。本着促进文化创意产业和制造业融合发展的目标,积极探索把文化创意产业成果运用到制造业中去的方法。首先,应提高制造业产品的文化含量、科技含量,从而提高其附加值。其次,围绕宁波制造业的产品发展工业设计、包装设计,将文化创意思维融入产品研发、生产、销售中的各个环节,形成完整的产业链条。从而激发这些产业对文化创意的需求,提高产品的整体附加值,打造成果生产、转化、销售的产业链条。

数字文化创意产业是以数字技术发展为基础,文化创意与数字科技融合下的科技型文化创意产业,其主要包括信息服务、传播、广告、通信、电子娱乐、动画、网络教育、出版等。在"互联网＋"的时代,随着新技术的不断涌现及数字、网络技术的应用和消费需求的扩大,文化产业不断升级,数字文化创意产业规模迅速扩大。在数字化技术引领技术革新的今天,大力发展数字文化创意产业已成为时代的必需。发展数字文化产业,一要建立健全产业发展配套政策,特别是对能发挥显著科技作用的文化创意产业要加快制定相应的系列扶持优惠政策。二要拓宽数字文化创意企业的投融资渠道,形成企业、银行、民资参与的多元化投资机制,为数字文化创意业提供多方面的扶持资金。三是加大对数字文化创意产业的人才培养,鼓励高等院校开设相关专业,鼓励培训机构开展相关职业培训。

第五章　城市文化视域下宁波时尚产业发展案例分析

——以会展业为例

会展业是现代服务业的重要组成部分,作为新兴的产业,未来发展前景非常广阔。会展业被誉为经济发展和社会进步的助推器,它不但对促进内外贸易、优化经济结构、扩大社会就业有十分重要的作用,而且对推进对外开放战略的大力实施、提升城市知名度、促进城市文明的全面进步有着特殊的意义。会展业也是当地经济发展状况的"晴雨表",其因与其他产业的密切关联性和对相关行业发展的重要推动作用而备受各级政府的重视。

会展业聚集、辐射效应大,因而具有重要的发展意义,是关系宁波现代化国际港口城市建设的一件大事,是关系宁波建立区域性会展名城的一个非常关键的战略。近年来,宁波市会展业在发展中坚持挖掘丰富的城市文化底蕴,坚持科学发展理念,注重实效、勇于创新、强化服务,走出了一条量质并举的发展之路,为宁波时尚产业发展做出了卓越贡献。

第一节　宁波会展业发展历程

自1997年10月第一届宁波国际服装节成功举办以来,宁波市会展业走过了近20年的发展历程,大致经历了三个发展阶段。

一、起步阶段(1997 年 10 月至 2002 年 10 月)

1997 年 10 月,宁波市举办了首届宁波国际服装节,拉开了宁波会展业发展的序幕。1999 年,宁波市又举办了首届浙江投资贸易洽谈会,为宁波市会展业规模和水平的提升起到了推进作用。1999 年 10 月,宁波市政府正式批准立项建设宁波国际会展中心,表明宁波市已开始重视会展业的硬件建设。2002 年 10 月,宁波市新上海物业公司与上海国际展览有限公司、上海国际展览中心有限公司合作,成立了宁波国际会展中心管理公司,标志着宁波市会展业的区域合作开始起步。①

二、快速发展阶段(2002 年 11 月至 2010 年 10 月)

2002 年 11 月,宁波市成立了市会展工作领导小组及办公室,领导和服务宁波会展业发展。各县(市)、区和市级有关部门也建立了相应的工作机制,健全了宁波会展工作的组织体系。2003 年 1 月,宁波市政府下发了《关于加快宁波市会展业发展的若干意见》,明确提出要将会展业作为全市支柱产业之一,明确指出会展业的发展目标、定位、相关措施、组织机构以及任务分工等。2003 年 2 月,宁波市会展行业协会成立,宁波市会展业管理水平进一步规范和提升。2003 年气势恢宏的宁波国际会展中心启用,标志着宁波市会展场馆设施硬件条件达到全国先进水平。这一时期,宁波市的会展活动不断增加。宁波市相继引进或举办了中国机械工业展览会、中国国际日用消费品博览会、中国家居博览会、中国制药机械博览会等大型展会,举办了中国开渔节、宁波徐霞客开游节和中国梁祝婚俗文化节等会展活动,承办了 APEC 中小企业服务联盟会议、甬港经济合作论坛等重要会议(论坛)。这些重要会展活动的举办,使宁波市进入了全国新兴会展名城行列。

2005 年以来,宁波市进一步加强会展管理工作。市政府制定了《宁波市展览业管理暂行办法》,以规范全市展览工作;市会展行业协会出台了《宁波市会展评估细则》,明确了会展活动评估的基本标准;市有关部门拟定了《宁波市大型会展活动城区公益广告管理暂行办法》,并已着手研究会展业其他管理办法。与此同时,宁波市引进或创办了中国国际文具礼品博览会、中国食品博览会、中国电子产品和家用电器国际博览会、中国旅游投资洽谈会等大中型展会,并对部分主题相近的展会进行了整合,促使现有展会向规模

---

① 叶再山.宁波会展业对当地经济拉动作用相关性研究[C].2009 年中国会展经济研究会学术年会论文集,2009.

型、实效性方向发展。2005 年,宁波市被评为全国优秀会展城市。

2007 年 6 月,宁波市政府下发了《关于进一步推进宁波市会展业发展的实施意见》,将会展业列为宁波市经济和社会发展的战略性产业;同月,宁波市会展中心和国际贸易平台二期工程全面启动;2007 年 5 月,宁波市国际贸易平台工作办公室成立,国际贸易的常年展工作得到进一步强化;在 2007 年 6 月召开的全市会展工作会议上,毛光烈市长提出"举全市之力打造国际会展之都"的工作目标;2007 年 11 月,宁波市成立了接轨上海世博会工作办公室,全面启动接轨上海世博会的工作;2008 年 3 月,宁波市完成《宁波市国际会展之都建设规划》的制定工作。这一切,都标志着宁波市会展业发展进入了一个全新的阶段。

三、发展与提高并重阶段(2010 年 11 月至今)

借 2010 年上海世博会"东风",宁波的会展业得到了量的提升和质的飞跃。2013 年 9 月,宁波市政府相继出台实施了《关于进一步推进区域性国际会展之都建设的若干意见》《宁波市本级政府主导型会展项目和经费使用管理办法》《宁波市会展业发展专项资金管理办法》等促进会展业发展的一系列政策文件。宁波市将坚持市场化、专业化、品牌化、国际化发展方向,着力推进"三转",即会展业从注重数量规模向提升质量效益转变,从政府主导型向市场化方向转型,从以消费类展会为主向贸易类展会为主转向,加快把宁波打造成区域性国际会展之都。

第二节　底蕴深厚的宁波城市文化

一、璀璨的服装文化

宁波是中国近代服装的发源地,中国的第一件西服、第一件衬衫、第一件中山装都出自宁波裁缝之手。现代宁波服装起步于 20 世纪 70 年代末 80 年代初,经过多年的迅猛发展,宁波服装产业凭借深厚的服饰文化底蕴,充分发挥服装之乡的传统优势和改革开放的先发优势,结合传统经验与现代科技,得到跨越式发展,出现了雅戈尔、杉杉、罗蒙、培罗成、太平鸟等一大批著名的服装企业和品牌。宁波成了中国最大的服装产地之一,是中国最重要的服装出口城市之一,也是拥有国家级服装品牌最多的城市之一,而且拥有全国唯一的服装博物馆,拥有全国一流的服装职业技术院校。宁波市政府主办的宁波国际服装节(见图 5-1)是宁波市综合性大型文化经贸活动。宁波这一中国最大的服装产业集聚基地,通过举办系列服装文化活动、服装经贸活动和艺术交流活动等,扩大了对外影响,丰富了市民的文化生活,促进了宁波国际经济合作与文化交流。宁波国际服装节至今已经连续成功地举办了 19 届,被评为"中国最具国际影响力十大会展"之一。①

图 5-1　第 19 届宁波国际服装节开幕式

(摄影:杨文明;时间:2015 年 10 月 22 日)

二、博大的海洋文化

宁波由于具有地理优势,且开放较早,外来文化较早涌入,加上濒海的自然条件,形成了丰富的宁波海洋文化。由于它濒临大海,所以包含着大海的许多秉性:大度,有大海般的胸襟与宏大的气魄,给人们以豪情、信心与力量;创新,大海亘古常新,既有周而复始,又有气象万千、沧海桑田的特色;包容,"海纳百川,有容乃大"。海洋文化的一个重要特征是它的包容性和多元化,由包容性产生多元性,兼容并蓄,交融互补,把"舶来品"外来文化与当地的传统文化很好地糅合在一起,形成了勇于创新、善于取长补短的优势,造就了宁波海洋文化珍贵的特色。宁波的港口资源非常丰富,2015 年,宁波—舟山港货物吞吐量增至 8.89 亿吨,连续 7 年位居世界第一,其中集装箱吞

---

① 国内知名服装会展(六)——宁波国际服装节[EB/OL].(2012-09-28)[2016-07-02].
http://www.sjfzxm.com/news/zhanhui/20120928/313938.html

吐量首破 2000 万标准箱,跃居全球第四。[①] 在现代会展经济发展中,港口的优势作用已经越来越明显,所以宁波会以港口建设作为优先发展的重点,大力发展以港口为平台、以进出口贸易为核心的现代服务业,为会展业的发展助力。

三、创新的商帮文化

闻名遐迩的"宁波帮"是宁波商人在开展商事活动中逐步形成并发展起来的一种群体称谓,是历史上著名的商帮。有一句话叫"无宁不成市",说明了宁波人的创业精神。有胆有识的甬商是中国近代继晋商和徽商之后而产生的新兴商帮。2015 年,中国(浙商)创新设计高峰论坛暨"和丰奖"颁奖典礼在宁波召开(见图 5-2)。宁波商帮文化对宁波的地域经济文化的发展起着积极的推动作用,也为宁波区域经济提供了精神文化因素。在近代,由于宁波商人在竞争中特别看重同乡关系,他们以家庭血缘关系为核心,以同乡情谊为纽带,互帮互助,在达到事业高峰的同时促进了宁波经济的发展。在他们名成声就之后,不忘故乡的发展,不断为故乡的发展出资献策,帮助宁波经济文化的发展。正是宁波地域文化的熏陶,才促使了近代宁波帮的崛起。

图 5-2　中国(浙商)创新设计高峰论坛暨"和丰奖"颁奖典礼
(摄影:杨文明;时间:2015 年 4 月 2 日)

---

① 宁波舟山港年货物吞吐量突破 9 亿吨[EB/OL].(2016-12-20)[2017-04-03]. ht-tp://www.gov.cn/shuju/2016-12/20/content_5150719.htm.

四、悠久的民俗文化

地处浙东的宁波在越文化的长期影响下，在优越的自然环境中形成了别具一格的民风民俗。宁波有着独具特色的美食，有渔民开渔祭海、赛龙舟等活动，有广为传唱的梁祝爱情故事、"十里红妆"婚嫁习俗、巧夺天工的传统技艺等。这些民俗文化为宁波发展现代会展业，提供了丰富的题材。

第三节　宁波城市文化在会展业方面的表达

一、商品经贸文化在会展业方面的表达

以地方特色商品文化、经贸文化为主题的会展活动是以地区性的工业产品、地方特色商品和著名土特产展销为主题，辅以其他相关的参观活动、表演活动等开展的会展活动，[①]如宁波国际服装服饰博览会、中国国际日用消费品博览会、中国宁波国际住宅产品博览会、宁波国际汽车博览会、中国塑料博览会、中国国际机械工业展览会、中国（宁波）国际新材料科技与产业博览会、大桥国际经贸旅游节、中国宁波国际港口文化节等。

二、文化艺术在会展业方面的表达

以文化艺术为主题的会展就是依托体现宁波当地文脉的历史或现存的具有典型性、特质性的地域文化类型而开展的会展活动，如中国国际文具礼品博览会、宁波国际时尚生活博览会、宁波国际海报双年展、象山沙滩影视文化节、大学生艺术节、宁波当代艺术展（见图 5-3）等。

三、宗教文化在会展业方面的表达

以宗教仪式或庆典为主题的会展主要是指在会展活动中安排跟宗教相关的各种会展活动，如天童寺与中日佛教文化节、奉化弥勒文化节等。

四、农事文化在会展业方面的表达

以宁波地方特色物产文化为主题的会展活动是以宁波的农业特产采摘、观赏、展销为主线，辅以其他相关的参观活动、表演活动等开展的会展活动。这类会展活动一方面宣传了农事商品信息，另一方面渲染了城市的文

---

① 戚能杰.宁波城市节庆活动的文化表达与可持续发展[J].改革与开放,2009(12)：256.

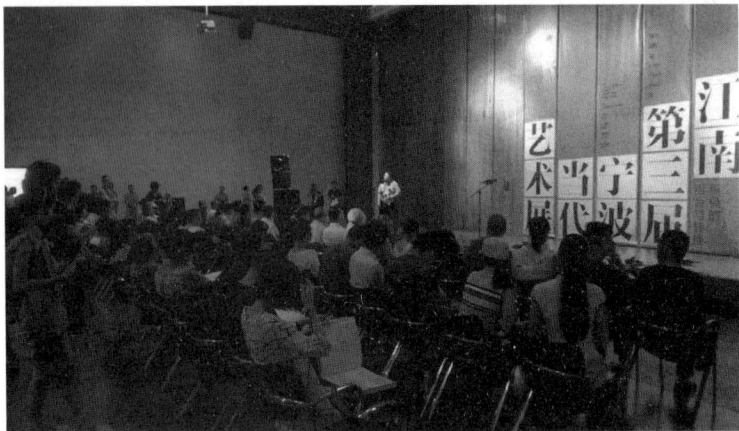

图 5-3　第三届宁波当代艺术展

（摄影：杨文明；时间：2015 年 8 月 14 日）

化气息,具有浓郁的历史文化气息和地方风采,是集文化、经贸、会展于一体的农事文化会展活动,如余姚河姆渡农业博览会暨甲鱼节、慈溪杨梅节、余姚榨菜文化节等。

五、民俗风情文化在会展业方面的表达

以宁波民俗风情为主题的会展活动,主要是展现宁波当地的民俗、民风的会展活动,如象山开渔节、宁波市春节年货展销会、宁波婚庆博览会、宁波梁祝爱情文化节等。梁祝爱情文化节充分利用了梁祝爱情文化,并已成了弘扬中华民族传统美德,促进文明进步的良好载体,是梁祝文化的时代创新。

六、康体娱乐文化在会展业方面的表达

以体育比赛、娱乐文化为主题的会展活动主要是结合当地会展资源,举办各种体育赛事、娱乐性活动,如宁波国际旅游展、中国宁波休闲娱乐博览会、象山国际海钓节、东钱湖龙舟节、中国渔村沙滩露营文化节等。

七、饮食文化在会展业方面的表达

以宁波地方饮食文化为主题的会展活动主要体现宁波当地的饮食文化,并融入其他饮食文化,辅以其他相关表演、比赛等活动,如中国食品博览会(见图 5-4)、中国(宁波)国际茶业博览会、东钱湖湖鲜美食节、象山海鲜节等。

图 5-4　中国食品博览会

（摄影：杨文明；时间：2014 年 11 月 16 日）

第四节　宁波市会展业对宁波经济和社会发展的作用

产业对经济的促进作用，是一个产业高速发展的客观基础。会展产业一方面对经济发展具有较大的促进作用，另一方面对和谐社会建设也具有较强的促进作用。

一、会展业已经成为经济发展的重要组成部分

经过近 20 年的不懈努力，宁波市会展产业对经济和社会发展的作用已经显露。据统计，2015 年宁波市各类会展项目有 301 个，比上年增长 2％；展会数量 182 个，比上年增长 4％；展览面积 202 万平方米，比上年增长 3％，如图 5-5 所示；展览面积 2 万平方米以上的大型展会数量 25 个，比上年减少 15％；县级以上地区举办的商务会议（论坛）85 个，比上年增长 8％；特色节庆活动 36 个，比上年减少 12％；展会项目直接产值 75 亿元，比上年增长 4％；会展业全年提供 20 余万个相关就业机会。①

---

① 宁波市会展办.宁波市 2015 会展业发展报告［R］.第八届浙江会展经济论坛，2015.

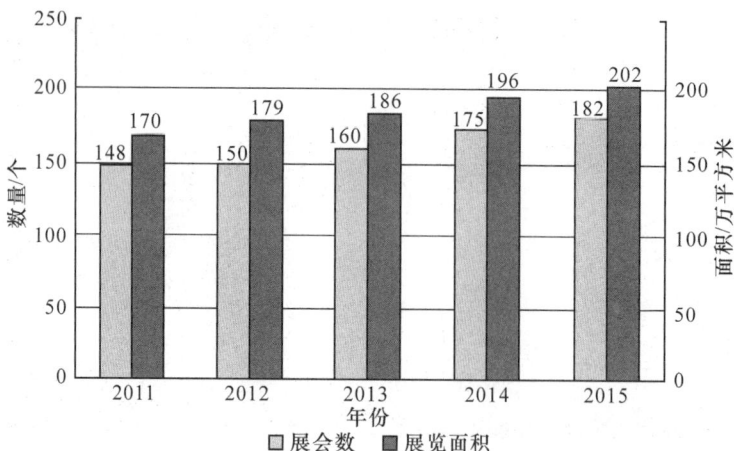

图 5-5　2011—2015 年宁波会展活动情况

（资料来源：宁波市会展办.宁波市 2015 会展业发展报告［R］.第八届浙江会展经济论坛,2015.）

二、会展业已经成为产业发展的重要引擎

2001 年以来,宁波市相关部门结合发展会展产业出台了相关的服务政策,会展搭建、会展物流、会展旅游、会展印刷等一系列衍生产品也逐步形成规模。此外,展品覆盖服装、家居、机械、食品、文具、礼品等产业,这些产业也随着会展产业的发展得到不断提升。据统计,2009 年,宁波市共有会展主营企业 190 余家,会展辅助服务机构超过 1000 家,会展累计投资超过 30 亿元,会展产业带来的直接经济效益达到 30 余亿元。①

三、会展业已经成为产业结构调整的重要手段

宁波是以第二产业为主的城市,随着生态可持续发展理念的不断深入,重化工业、机械工业、纺织服装工业等高耗能、高污染、多排放企业面临着巨大的发展压力。近年来,宁波市委、市政府十分重视通过调整产业结构提高区域的综合竞争能力。但从近几年来的发展情况看,房地产业的发展较多占用了不可再生资源,并在很大程度上增加了商务成本,甚至影响了和谐社会建设。而在周边地区旅游资源比较丰富的情况下,旅游产业发展也受到了一定的制约。在此情况下,宁波市政府高瞻远瞩,将会展业、国际贸易、物

---

① 任国岩.2009 年宁波市会展业发展报告［R/OL］.(2010－04－27)［2016－05－16］.http://www.nbssa.org.cn/detail.aspx? id＝2305&cateId＝263.

流、金融等产业整合成主导宁波市服务业发展的产业链条，以此作为调整产业结构的重要手段。尽管房地产等产业低迷，住博会、家博会、服装展、工博会等会展项目也受到一定的影响，但 2015 年宁波会展业产值的增幅仍达到 4%。

四、会展业已经成为城市功能提升的动力

会展业最大的特征就是能够提升城市整体功能。研究表明，举办一个 5 万平方米的会展活动，如果外地客商达到 60% 以上，国外客商达到 15% 以上，就需要 3 万张床位的支撑，而这些床位多为四星级以上的酒店床位。[①] 对于大型国际会议项目，则需要更多的五星级酒店的床位和会议设施。在推进酒店业发展的同时，会展活动对民航、铁路交通、出租车等城市交通基础设施的发展也有较大的促进作用。2002 年，宁波市只有一家五星级酒店；2015 年年底，宁波市已有 22 家五星级酒店，27 家四星级酒店。出租车、公交车等数量不断增加，档次逐步提高。2007 年以来，宁波市增加了至我国香港和韩国首尔等城市的民航线路。2008 年以来，宁波市又增加了至我国台湾和澳门以及新加坡、泰国的民航线路。

五、会展业已经成为和谐社会建设的重要抓手

会展业一方面可以提供大量的就业机会，另一方面也可以通过提供文化活动项目，丰富群众的文化生活。会展活动吸引了国内外的参展商，有力地激发了宁波市民热爱宁波、完善自我的自觉性。在宁波举办展会期间，一些街道会自发组织相关的文艺活动，开展社区文化活动，寓教于乐，在活跃市民生活的同时，也提高了市民加强自身素质的自觉性，在一定程度上化解了社会矛盾。举办会展活动，提高了市民的责任感和荣誉感，为维护城市的综合环境，各级政府和社会团体自觉地开展多项服务，有效地提高了城市和谐社会建设的水平。2006 年和 2008 年，宁波市均被评为全国文明城市，会展活动发挥了不可估量的作用。

六、会展业是提高政府公共服务水平的重要手段

会展是一项涉及面广、协调难度较大的综合性活动，通过举办会展活动，政府各部门之间相互配合，提高了综合协调和快速反应能力，也在较大程度上提高了城市的综合管理水平。尤其是在浙江省投资贸易洽谈会期

---

① 任国岩.2009 年宁波市会展业发展报告[R/OL].(2010−04−27)[2016−05−16]. http://www.nbssa.org.cn/detail.aspx? id=2305&cateId=263.

间,很多市直部门直接参与了接待活动,通过举办会展活动,进一步提高了相关部门的综合协调能力,提高了政府公共服务水平。

2003年以来,宁波市政府相关部门每年都要派出管理人员数千人,参与宁波市会展项目的管理和服务工作,在充分了解国内外企业发展实际和大项目管理程序的基础上,积累了丰富的经验,打造了一支适应现代服务业发展的干部队伍,为宁波市产业转型升级奠定了坚实的基础。

第五节　对宁波城市文化与会展业协同发展机制的建议

一、完善城市文化服务功能

举办会展活动可以向世界各地的参展商、贸易商和参观者宣传一个地区的科学技术水平、经济实力,展示城市形象,扩大城市的影响。因此创造良好的会展环境应成为今后宁波的重要工作之一。会展环境包括硬环境,主要是必要的会展场馆建设、道路的整治、市容市貌的改造、城市形象的更新;也包括软环境,就是会展期间各行各业,尤其是窗口部门的服务质量、服务水平。良好的会展环境是一个地区会展业发达的重要因素,是加深政府和商界、企业界、海内外团体相互了解、沟通的基础。

会展活动和城市文化活动的举办,需要一定的基础设施作为保障。通过多年的发展,宁波兴建了宁波国际会展中心、宁波大剧院、宁波城市展览馆、宁波博物馆、宁波美术馆、宁波文化广场等一批现代化场馆,已经基本满足宁波城市文化与会展业发展的需要。不过目前存在某些场馆利用率不高,而有些场馆却业务繁忙、档期紧张的状况,这就需要进一步优化资源配置,进一步提升城市文化服务的水平和质量。

二、建立健全城市文化市场体系和管理体制

会展业的健康发展,需要健全的城市文化市场体系与完善的文化市场管理体制,因此应建设文化强市,增强城市文化的软实力。应坚持社会主义先进文化前进方向,坚持中国特色社会主义文化发展道路,坚持以人民为中心的工作导向,进一步深化文化体制改革。要完善文化管理体制,建立健全现代文化市场体系,构建现代公共文化服务体系,提高文化开放水平。进一步转变政府职能,提高管理能力,对破坏文化市场秩序的非法经营活动应及时依法查处。

三、彰显宁波文化特色,提升城市品位

会展业作为现代服务业的一部分,无论是会展业的主题还是内容,都具有明显的城市文化烙印,与当地的文化背景和特色优势产业紧密联系。所以在宁波会展项目培育过程中,应该优先发展能够彰显宁波璀璨的服装文化、博大的海洋文化、创新的商帮文化、悠久的民俗文化的展会项目,依托产业,服务产业,提升服务质量,走具有宁波特色的发展会展业之路,提升城市品位。

四、打造城市特色会展品牌,塑造城市形象

目前国内会展业同质化竞争日趋激烈,上海、杭州作为长三角会展业高地,对宁波会展业发展形成非常大的压力。以宁波会展业标志性展会项目——宁波国际服装节为例,其在内容上与上海时装周和在杭州举办的中国国际丝绸博览会产生直接冲突,这对宁波国际服装节的招商工作带来了严峻考验。要想在这样激烈的竞争中生存下来,宁波国际服装节只有从主题、内容、形式等方面进行创新,错位办展,进一步挖掘宁波的城市文化内涵,做到"人无我有,人有我精",与沪、杭两地的同类展会产生区隔,才能打造出具有宁波特色的会展品牌。近几年,宁波市积极响应国家"一带一路"倡议,打造出具有国际影响力的中国—中东欧国家投资贸易博览会和中国浙江投资贸易洽谈会,弘扬了宁波这座城市的文化特色,提升了城市形象,取得了良好效果。

五、宁波传统文化创新模式与会展可持续发展

宁波会展活动应有自己的文化底蕴,应集中体现宁波本土精神和风情,现在一些传统会展活动已得到传承和开发,日益热闹隆重。如每年正月的灯会是在元宵赏灯习俗的基础上发展起来的一种传统民俗活动;端午节赛龙舟这一历史久远的传统会展也得以传承发展;东钱湖的龙舟节与中国龙文化有着渊源,其植根于漂亮的东钱湖,故有其独特的地域文化特色,与东钱湖山水相融合。宁波传统会展活动虽然数量很多,但与国内外著名的会展相比,规模和影响力有限,高质量、高水平、品牌化的会展活动还较少,对宁波传统会展活动的旅游开发有待加强。与现代商业会展相比,传统会展活动具有独特的旅游开发价值。传统会展活动的开发不仅是怀旧,更是文化传承。传统会展活动的历史比较悠久,有连续性和持久性,而且活动范围较广,有其特殊的历史传承意义。具体来讲,与现代新打造的会展相比,传统会展的旅游开发还具有以下优势:传统会展有深厚的群众基础,受大众喜

爱。所以,在会展开发中,应优先选择历史悠久的传统民俗会展,将主要节日的主会场和节期固定下来,坚持长期办下去。因为会展要上规模、上档次,需要年复一年的精心策划和运作。

六、加强专业人才培养

根据宁波市会展人才需求的数量和结构,充分利用高等院校资源,积极开展会展职业教育和培训活动。加强会展职业培训,通过在职培训、引进培训和专业性培训,提高宁波市会展从业人员的综合素质。积极引进会展策划师、会展设计师、展览业高级项目经理等会展紧缺人才。将会展业人才引进纳入宁波市紧缺人才引进计划,并给予人才一定的优惠待遇。

宁波应支持市内重点会展企业引进高端人才,支持市内现有开设会展专业的相关高校设立会展实训基地。发挥宁波市会展经济研究所的作用,支持会展教研优势院校开发建设中国会展产业决策平台和产业资源库,为政府科学决策和创新发展提供服务。

宁波国际服装节迄今为止已经成功举办了20届,同时这也是宁波现代会展业从无到有高速发展的20年。由此可见,宁波市会展业是和宁波市的城市文化协同发展、息息相关的。没有城市文化,会展业就缺少赖以生存的土壤;同样地,如果没有会展业,宁波的城市现代化建设就缺少了"助推器",失去了发展的活力。会展业能够提升城市的知名度与美誉度,提高城市竞争力,促进城市经济贸易合作,促进城市基础设施建设,所以调整好宁波的会展业与城市文化之间相辅相成的关系,必将会为宁波的会展业和城市文化建设带来更多的效益。

第六章 国内外城市文化助推时尚经济发展成功案例研究

第一节 欧美城市文化助推时尚经济发展成功案例

一、创意文化助推时尚经济发展成功案例

伦敦,这个曾经的世界工业中心,在最近的十几年时间里完成了它华丽的转身。以创意产业为主的新兴产业在大伦敦地区异军突起。英国是世界上第一个提出创意产业理念,又第一个用政策来推动创意产业发展的国家。在这样的大背景下,"创意伦敦"的概念应运而生,创意文化成为伦敦发展时尚经济的重要推手之一。根据伦敦官方统计数据,2010年,伦敦创意产业就业人数超过50万人,其中仅在伦敦工作的服装设计师就占整个英国服装设计师的80%～85%。① 此外,在伦敦的四大文化节日(电影节、时装节、设计节、游戏节)中,时装节、设计节对发展当地的时尚经济也有着直接的刺激效应。伦敦为什么能够长期享有世界时尚之都的美誉? 那是因为这里有着得天独厚的良好的文化创意环境和氛围。伦敦创意文化和时尚经济发展的成功经验告诉我们,任何一个城市,想要把自己打造成时尚之都或时尚经济发

---

① 王立丽,牛继舜.伦敦文化创意产业发展模式借鉴与启示[J].商业时代,2013(14):121-122.

达地区,就必须先有一片创意文化的沃土。否则,很难想象,在一个缺少创意文化的地方,时尚文化、时尚经济能够一花独放。

二、历史文化助推时尚经济发展成功案例

很多英国人都喜欢古老而又富有历史感的东西,因为那些备受珍爱的物件总是蕴藏着各种各样美丽的故事。年代久远的设计师作品,随着时光的流逝会越来越充满韵味;从妈妈手中传下来的家具,带着浓郁的家的温馨感。伦敦人一方面会将房间改造得更具时代特征,另一方面会对满载回忆的旧家具充满爱惜之情,在古典与现代的交融之中,不断体会历史与传统带给人的愉悦。号称"马路大师"的红色双层巴士,作为经典英伦符号,见证了伦敦城市图景和生活方式的改变。在伦敦,历史文化也是时尚经济发展的重要组成部分。例如,在伦敦东区的霍克斯顿,随着创意产业的发展,这里的画廊、酒吧、咖啡吧、俱乐部、饭店鳞次栉比。曾经的旧城区,通过改善硬件、软件环境,其功能与面貌发生了根本的转变,已成为集生产、居住和时尚消费于一体的高档区。可见,保留、利用古老而又富有历史感的东西,并推陈出新,同样有助于时尚文化建设和时尚经济发展。这对于正在推动城市化进程的中国来说,也是非常值得学习和借鉴的。

三、前卫文化助推时尚经济发展成功案例

巴黎,是欧洲思想启蒙运动中心。17世纪70年代,"太阳王"路易十四和财政大臣巴蒂斯特·科尔伯特建立了几家皇家奢侈面料制造厂,目的是加强法国奢侈品的出口。由此,整个先锋设计师网络才在巴黎得以蓬勃发展。18世纪末,巴黎的一些时尚设计师,如为玛丽·安托瓦内特皇后制衣的罗丝·贝尔坦,便已经是欧洲时尚业的领军人物。到了19世纪60年代,高级定制时装成了极具创意的时尚业的集中体现,它是世界时尚界的研究引擎。高级定制时装大师每定义下一季的趋势,就会激发全球成衣设计师的创意,然后传递到全球的快速消费时尚公司,形成如水流般的梯级效应。可可·香奈儿有一句名言,"低端服装业的存在必须依赖高端服装业"[①]。法国的时尚经济发展之所以能够取得辉煌的成就,是因为有巴黎;巴黎之所以能有巨大的影响力,是因为巴黎人有着引领时尚潮流而非追逐时尚潮流的前卫意识。由此可见,巴黎乃至整个法国时尚经济的发展与巴黎人的前卫创

---

① 史蒂芬·基罗. 当中国龙遇见太阳王:法国时尚产业给中国的五堂课[EB/OL]. (2011-12-02)[2016-06-03]. http://special.caixin.com/2011-12-02/100333909_all.html.

意是密不可分的。

四、精英文化助推时尚经济发展成功案例

巴黎是世界著名的浪漫之都,生活在这里的人们似乎天然地具有一种追求高贵、典雅、个性、品质的精英文化品位。而这样的文化品位不仅影响巴黎时尚经济的发展,也对整个法国的时尚经济产生重要影响。巴黎乃至整个法国能够在化妆品、高级时装、高级珠宝这三个创意领域长期处于世界领先地位,有赖于一些至今仍然适用的时尚产业规则:追求高端性和卓越的创意,高度重视质量、独特性和服务。法国精品行业联合会就是实践这一产业规则的一个重要协会。它成立于 1954 年,集合了法国 75 家最负盛名的奢侈品公司和一些国际公司,包括赛琳、埃雷什、巴尔曼在内的时尚企业等。法国精品行业联合会经常在世界各地举办联合宣传活动,协调打击仿冒行为,并研究报告奢侈品行业在电子商务领域的最佳做法。精品行业联合会特别注重有效地保护自己的知识产权,保护自己所拥有的立足于时尚行业的某些核心要素,也就是被国内外顾客所认可的市场正当性。比如,"高级定制时装大师"就是一个依法注册并受法律保护的名称,只有"法国高级时装联盟"①的成员才可以使用。高级定制时装大师必须符合一些定性和定量的标准,并且在巴黎设有店面,展示其非外包、全手工制作的作品系列。巴黎能够长期处于全球时尚产业界领头羊的地位,保持骄人的时尚经济发展水平,从某种程度上得益于法国精品行业联合会和法国高级时装联盟的保驾护航。

五、品牌文化助推时尚经济发展成功案例

米兰,是意大利著名的历史文化名城,很多世界著名的时装企业在此设立机构。米兰作为世界时尚之都,是全球设计师向往的地方。这里是阿玛尼、范思哲、普拉达、杜嘉班纳、华伦天奴、莫斯奇诺等世界顶级服装的大本营,米兰时装周影响着世界时尚。重视品牌文化的传统,使这座城市的时尚经济发展总能发出耀眼的光芒。就服装产业而言,品牌一直是其获得成功的一大要素。传统上,米兰的品牌总是与高级时尚、奢华以及一定的社会、经济地位相联系的。现在,这里的品牌文化有了更多的大众化色彩,过去面向中、低端客户群生产而不太重视打造品牌的企业也逐渐将品牌纳入自己

---

① 史蒂芬·基罗. 当中国龙遇见太阳王:法国时尚产业给中国的五堂课[EB/OL]. (2011-12-02)[2016-06-03]. http://special. caixin. com/2011-12-02/100333909_all. html.

的发展战略与竞争策略之中,注重打造自身产品的品牌和设计风格,为大众消费群体提供既具有品牌影响力,又价廉物美的产品。米兰的时尚品牌为什么能够风靡全球?应当说与它实施的这种品牌文化战略是有很大关系的。所以有人评论说:"意大利时装生产企业的成功战略少不了中、低档产品的品牌化。"①让品牌放低身段,服务大众,时尚产品才有更大的消费市场,时尚经济才有更广阔的发展前景。

六、创新文化助推时尚经济发展成功案例

米兰虽然是一个享誉世界的历史文化名城,但它并不故步自封,相反,它总是与时俱进,不断进行文化创新,追求传统与现代的完美结合与和谐统一。米兰时尚业成功的秘密在于,它既折射悠久的历史文化,又富有积极创新的具有时代感和未来感的元素,丰富多彩的米兰服饰文化便是在历史的土壤里播种现代的审美理想的。米兰时装的鲜明特征,是高级时装的平民化、成衣化。米兰时装以高雅大方、简洁利索、实用性强为基本风格,无论就时装本身来说,还是就社会意义而言,其都顺应了历史潮流,因而也极大地促进了米兰时装业和整个时尚经济的迅猛发展。自 1975 年米兰举办第一届高级成衣发布会以来,意大利式的优雅精致对于世界时尚发展趋势的影响日益明显,同时造就了一批年轻有为的设计师。他们标新立异、自由奔放的设计风格给时尚界带来了缤纷绚丽的色彩,迷你裙、及地裙,民俗风、复古风、军服风,款式多种多样,令人目不暇接。例如 20 世纪 80 年代初,国际时装的流行元素之一是阿玛尼带来的宽肩造型。垫肩的造型,使肩头显得宽大圆润,显示出女装男性化的崭新风貌。至 20 世纪 80 年代末 90 年代初,在阿玛尼设计的基础上,又重新突出女装的女性化特征,强调女性优雅身姿的曲线美,并带起一股怀旧的时装设计风,充分体现了大胆创新的现代感与经典传统样式完美并存的时尚风貌。米兰能够成为成衣时装圣地,成为现代时尚的典范,关键是"传统文化底蕴结合现代的先进技术,再加上优秀设计师,每一方面都保持品质和创新"。②而米兰(准确地说是整个意大利)特有的时尚产业集群创新更是意大利时尚经济发展的强大推动力。

七、多元文化助推时尚经济发展成功案例

纽约,既是世界级的金融中心,也是美国服装产业的中心。纽约的时尚

---

① 陈希.意大利时尚产业文化[D].北京:对外经济贸易大学,2007.
② 陈希.意大利时尚产业文化[D].北京:对外经济贸易大学,2007.

产业区主要集中在曼哈顿。文化多元化,是纽约区别于其他城市的一个显著特点,这与纽约移民较多密切相关。移民带来了他们各自的文化。纽约的文化环境十分宽松,鼓励移民相互交流、融合、启发,创作独特的文化作品。在此背景之下,纽约的时尚经济发展也与多元文化的交流、融合密切相关。而这一点,相较于其他世界时尚之都,可以说具有独一无二的优势。"纽约经常将其城市文化的特别之处带入大众消费市场,将最初的设计灵感应用到大众成衣的生产中。……美国的设计师也基于市场定位来顺应时代潮流的变迁,不断在设计中推陈出新。"①纽约的文化实际上是整个美国文化的一个缩影,它以理想主义和实用主义为基本特征。在这种文化的影响下,纽约的服饰时尚摆脱了以奢华、优雅和气派为主要特征的欧洲时尚的束缚,而崇尚简约、休闲、自由和性感的美式时尚。其服装在外观上更趋于大众化、平民化,更强调服装的个性、功能性、舒适性和实用性。②从美国男男女女穿着的千奇百怪的服装来看,美国人处处显露出一种与众不同、别具一格的追求,一种极为自信、我行我素的风格。这恰恰迎合了现代社会多元化、大众化、平民化的生活方式和人文理想,因而在全球范围内受到广泛欢迎,并成为一股独立的潮流影响整个世界的时尚的发展,为美国在国际时装界赢得了与法国、英国和意大利同等重要的话语权。

八、传媒文化助推时尚经济发展成功案例

　　纽约的时尚产业发展虽然起步比欧洲的伦敦、巴黎、米兰要晚,但是其依靠出色的文化传播能力后来居上,成为世界时尚文化的标杆。在时尚类电视节目制作方面,美国最早推出了时尚真人秀节目,如《天桥风云》《全美超模大赛》《时尚娱记》等。在平面媒体方面,创刊于 1892 年的 *VOGUE* 杂志,被公认为全世界领先的时尚杂志;创刊于 2004 年的 *T Magazine* 杂志在时尚文化传播方面同样影响巨大。强大的时尚媒体,不但推动了时尚文化的传播,加快了时尚全民化的进程,而且反映、引领了时尚文化的发展方向,对于时尚经济的发展具有极大的推动作用。时尚设计师跟影视、体育明星一样,也是需要高曝光率的。无论是推销自己的设计作品,还是营销自己所服务的品牌,他们都需要时尚电视节目、时尚杂志等强大的媒体为自己提供平台。比如 *VOGUE*,不仅拥有数量庞大的固定读者,而且其权威性已获得

---

　　① 王颖顿.时尚之都纽约的成功经验及对北京的启示[D].北京:北京服装学院,2012.

　　② 史亚娟,郭平建.美国服装业的崛起与美国文化精神[J].纺织服装教育,2013,28(1):80-83.

了时尚界的一致认可。读者通过时尚杂志的推荐、指导,了解各种权威的时尚信息,选择购买自己所需要的时尚产品和服务;时尚杂志则通过读者的信息反馈知晓大众的时尚消费需求,预测某种发展趋势,并在设计师、制造商、零售商和消费者之间搭起一座虽然看不见,却能实实在在起作用的桥梁。除了传统的纸质媒体,也可利用影视明星效应和影视作品的宣传示范效应,影视媒体也能为时尚传播发挥积极的作用。比如出演《绯闻女孩》的一位女演员在 2011 年成为香奈儿的代言人,其代言的产品受到消费者的追捧。在纽约,媒体之于时尚,如同水对鱼一样重要。

第二节　亚洲城市文化助推时尚经济发展成功案例

一、商业文化助推时尚经济发展成功案例

东京,是世界级的大城市,为世界经济及商业活动最发达的城市之一。毫不夸张地说,东京能够成为世界时尚之都,得益于其浓厚的商业文化。无论是新宿,还是涩谷、银座,无不弥漫着东京特有的商业文化气息和时尚氛围。新宿是一个能满足游客对东京所有想象的地方:炫目的广告牌、诱人的商铺、各色潮人。东京人相约见面的地点也常常选在最繁华的新宿站南口,从这里出来,朝任何一个方向走都是"天堂"。作为东京最繁华的商业中心,这里既有伊势丹、高岛屋时代广场和三越百货等老牌商场,更有云集了日本本土设计力量的 BEAMS、Comme Ca Store 旗舰店。很多流行文化起源于涩谷大街而流行于世。在日本,涩谷也是"流行"的代名词。有时候,涩谷街头一个女孩子的打扮,被拍下来印到杂志上,就会成为全国甚至亚洲的流行趋势。在涩谷的 109、Parco 等商场,大楼里全是青春洋溢的流行服饰和配件,只是一件小吊带、一条皮带或一个包包,就能达到吸引人们眼球的效果。如果说涩谷是一个主打本土时尚品牌的地方,那么银座则是香奈儿、路易威登等世界顶级品牌开设旗舰店的首选地。银座中央大街上的香奈儿超级旗舰店是全球最大的香奈儿门店。黑色玻璃大楼外墙,将香奈儿经典斜纹软呢服质感纹理与建筑玻璃幕墙融合。路易威登银座店的外墙设计选用了路易威登商标的矩形外框作为基本元素。这些旗舰店的外墙设计也都极具时尚感。

二、动漫文化助推时尚经济发展成功案例

东京是日本动画制作业最集中的地区。日本中小企业基盘整备机构的"动画片制作公司的现状和课题"资料显示,2010 年日本动画制作公司达到近 800 家,这些企业有 80％集中在东京[①]。日本素有"动漫王国"之称,动漫不仅是现代日本文化的重要组成部分,更是日本产业经济的重要支柱之一,广义的动漫产业已超过汽车工业,占日本 GDP 的 10％。前瞻产业研究院《2016—2021 年中国动漫产业发展前景预测与投资战略规划分析报告》数据显示:有 87％的日本人喜欢漫画;84％的人拥有与漫画人物形象相关的物品;动漫迷组织的动漫俱乐部多达数百,并定期发行会刊。在海外,日本动漫同样势头猛烈。据初步统计,截至 2014 年年底,全球播放的动画节目约有 60％是日本制作的,世界上有 68 个国家播放日本电视动画,40 个国家上映其动画电影,许多日本动漫形象成为各国观众耳熟能详的明星人物。根据相关调查统计,2008 年以来,日本动画市场规模一直保持在 2000 亿日元以上。2014 年销售额为 2428 亿日元,比 2013 年增长了 4.21％。在日本各种各样的文化产业当中,在电影院、电视台播放的各类动漫节目格外引人关注,各种动漫的人物形象充斥街头,早已超越了杂志和电视的范畴,渗透到了日本社会的各个角落。动漫衍生品充斥各大商场,仅动画周边产品每年就为日本带来近 50 亿日元的收益。[②] 各式各样的动漫周边产品,小到钥匙链、手机链、发夹,大到一比一等身大的手办、抱枕以及文具、服饰等商品,总会成为一时的消费时尚,并构成时尚经济的重要组成部分。

三、影视文化助推时尚经济发展成功案例

首尔是韩国的首都,是亚洲时尚的发源地之一,是韩流文化的中心。韩流文化不仅火遍亚洲,也影响了世界,在拉丁美洲、欧洲,韩剧也广受欢迎。在首尔,或者说在韩国,影视和时尚产业是分不开的。现在,每当有正热的韩剧播出时,大家在议论其中戏谑搞笑的剧情之外,还越来越重视剧中人物的服饰搭配。所以从几个韩国服饰品牌入手,人们就能够了解韩国人是怎么做到既出口韩剧又出口时装的。就此而言,首尔堪称推动影视文化与时

[①]　王可.动漫之都日本的财富战略.[EB/OL].(2010-02-22)[2016-06-07].http://ip.people.com.cn/GB/10998675.html.

[②]　刘瑶.日本动漫产业的发展历程、驱动因素及现实困境[J].现代日本经济,2016(1):63-75.

尚经济协同发展的典范城市。在韩国,现代的时尚产业领域已然超越了单纯的服饰范畴,在影视、音乐、游戏、互联网,甚至电子产品等方面充斥着时尚。2004 年,韩国仅文化产业的总产值就已达到了 GDP 的 5%。2010 年,韩国文化产业的总产值达到了 32 亿美元。2013 年,韩国的文化产业出口总额是 50 亿美元。同样是在 2013 年,韩国的文化产业占 GDP 的 15%[①]。不仅如此,韩国还为传统的三大产业赋以感性、知识、文化、创意等时尚元素,有效地促进了韩国经济的发展。韩国非常重视文化经济在带动国家经济发展和改善国家形象方面的作用,政府成立了文化产业振兴院。因此,韩国的影视娱乐业在此间得到了长足的发展。一部部韩国电影、电视剧走出国门,一个个明星被捧上国际舞台。韩流热风迅速在有着类似文化基础的亚洲大陆刮起,而凡是被韩流热风吹过的地方都留下了韩国时尚的痕迹。

四、设计文化助推时尚经济发展成功案例

"以设计在 21 世纪决胜负"的设计经营理念是韩国相当多企业成功的绝招,在设计文化意识强、设计文化氛围浓厚的首尔,高附加值的时尚设计业是其重点产业之一。首尔都市区政府打造了一个庞大的时尚设计中心——东大门设计广场,其配备了时尚信息系统,培育时尚专才,扶持"首尔经典"开发。来自相同或不同产业的设计师和品牌在这里创建高附加值产品,并通过与其他产业协作,提升韩国时尚设计的世界级竞争力。在这里不仅可以买到世界级设计师的作品,而且一些富有设计感的小商品经常出现在寻常小店中。而让市民和旅行者心驰神往的设计产品盛会则是一年一度的"首尔设计节"。首尔设计节是设计师、企业、市民互相交流的活动,人们既可以观摩各式各样让人惊喜的设计作品,也可以在设计集市里尽情采购和交流。而分布在江南、麻浦、九老和东大门的四个设计集群,不间断地帮助中小企业和新锐设计师实现自己的设计梦想。以时尚设计带动时尚经济发展,是首尔做得成功的地方。2010 年,首尔获得联合国教科文组织授予的"设计之都"称号。实际上,首尔不是天生的时尚设计之都,韩国也不是天生的时尚设计国家。韩国夹在中日两国之间,与日本相比,韩国商品没有技术优势;与中国商品相比,它又毫无价格优势可谈。韩国企业若想在中日之间生存,唯一的道路就是努力设计新产品。

---

① 孙佳山. 韩国政府为何如此重视文化产业［EB/OL］. (2015-04-08)［2016-04-05］. http://money.163.com/15/0408/10/AMM0TDOH00253G87.html.

五、本土文化助推时尚经济发展成功案例

上海本土文化的"底色"是相当浓重的江南士大夫文化中的纤巧、文雅、浪漫温情的遗风。里弄是数百年来上海人传统的居住形式,长期以来影响着上海人的生活方式,并逐渐成为上海独特的地域符号。即使是今天,老上海人依然保留着对里弄生活的点点滴滴的记忆,扎根在他们心中的是里弄里充满上海人情味的生活气息。石库门是上海的传统建筑。如果把它看成一种符号,那么江南的民居形式则是构成它的"元语言"。在新天地一带的城市改造中,众多的石库门被保留下来了,它们的外观依然厚重,扎实而漂亮,但屋子里拆去了分隔,打通了空间。也就是说,这些老房子不再是民居,而是商铺,如酒吧、茶楼、咖啡厅、画廊、时装店等。改造让新天地的石库门完成了一个华丽的转身。曾经是上海最具地域特色的里弄,现在被打造成了一个将历史植入现代的杰作。作为一种新的城市特色景观,上海人在充满怀旧感的石库门里弄里植入了很多时尚符号。最怀旧与最新潮的设计符号在这里重构,成就了使用方式的转变——从淳朴的弄堂市井生活到时尚的商业娱乐生活的蜕变。① 走在新天地,恍惚时光倒流,但又感觉非常时尚。考究的建筑工艺,漂亮的商店橱窗,悠闲的街头酒吧,让人觉得这里上演的,就是现代都市生活剧。别的城市是否也能以此为样板进行历史街区的改造,这个问题值得当今城市管理者深思。上海建造的亚洲规模最大的时尚中心——上海国际时尚中心,其外墙采用清水红砖,既保留了20世纪20年代上海工业文明的历史年轮,又融入了当代时尚的审美元素。在保留本土化建筑形态与人文环境,促进时尚经济发展方面,上海做得非常成功。

六、海洋文化助推时尚经济发展成功案例

上海的文化被称为"海派文化",这是上海特有的文化现象。海派文化,是植根于中华传统文化基础之上,融汇吴越文化等地域文化精华,吸纳消化一些国外的主要是西方的海洋文化因素所创立的新的富有自己独特个性的文化。海派文化的基本特征是具有开放性、创造性、扬弃性和多元性。在许多人眼中,上海是一个海纳百川的城市,它不断吸纳着来自全球最新最时尚的元素,充实着自己中西合璧的文化。譬如,上海的居家文化便是传递海派文化最有利的见证。上海的居家文化可谓既时尚又环保,既融入了和国际接轨的先进居住科技,又融合了与自然亲近的习俗。比如在美国等一些西

---

① 李沁茹.浅析上海设计符号的本土与多元[J].山西建筑,2009,35(1):35-36.

方发达国家,人们总是习惯于用烘干机烘干衣物,而在上海,人们则习惯于将衣物置于自然状态下晒干,这是一种非常环保的习惯。当然,海派文化的长处并不仅限于此。上海人也推出了代表新商业文明时代,融合了西方海洋文化的现代居家休闲服饰。现代居家休闲服饰的领导品牌"居风服饰"就在上海,其在长三角甚至在全国刮起了一阵猛烈的海派居家文化风潮。和传统的居家文化相比,居风服饰不仅仅局限于睡衣、内衣等品类,而是把休闲、运动等类型的服饰纳入居家生活中,更体现了海派文化海纳百川的精神气质和文化张力,满足了更多人群的需要。在全球文化互通互融的今天,居家文化也日趋一体化。上海处于中西文化交汇的前沿,不同的文化在这里交汇、融合,海派居家文化传递着世界新潮的居家理念,必将为中国当代居家文化的发展开拓出一片新的天地。

第七章 长三角中心城市时尚产业
发展政策扶持比较

第一节 定位国际时尚产业中心的时尚城市发展政策分析
——以上海为例

作为一个开放的国际大都市,上海具有发展时尚产业极佳的区位优势以及良好的市场基础和潜力,同时在生产组织、工艺流程、人员培训等方面具备良好的基础。

一、上海发展时尚产业的指导思想和发展策略

上海发展时尚产业的指导思想是以轻纺工业的重新振兴为方向,走市场驱动发展模式,以强化营销和设计为基点,加强本土市场与国际时尚的对接,大力发展多样化的时尚产品及相关服务集群,实现传统消费类产业向时尚产业转化,逐步将上海打造成为品牌领先、市场活跃、消费集聚、活动突出、影响力大的新兴国际时尚之都,以及国际时尚潮流的新领地、策源地。①

上海发展时尚产业实施的战略是通过时尚消费驱动时尚产业发展,政府在政策法规、资金、人才培养等方面扶持时尚生产能力发展,最终达到时尚消费带动时尚生产,时尚生产刺激新时尚消费产生的发展方式。具体的

---

① 高骞.上海时尚产业政策研究[J].科学发展,2009(10):87-95.

举措包括：①提升消费能级，打造"商业＋服务＋文化"的消费聚集区，引领消费新理念、新潮流，广泛吸引全球人流、商流、物流、资金流聚集，同时培育一批消费平台，打造新模式、新业态；②选取上海具有优势或一定基础的产业——纺织产业、服装服饰产业作为优先发展的重点，有主次地发展和提升时尚产业制造能力；③培育本土设计力量及品牌。①

二、上海发展时尚产业的具体举措
—— 以黄浦区时尚产业规划为例

上海发展时尚产业的载体建设、产业体系规划、实施保障等具体举措包括以时尚园区和时尚商圈两类功能互补的产业载体为主，形成一片（历史风貌区）、两河（黄浦江、苏州河）、多点的总体格局；通过鼓励文化创意和时尚设计结合，发展会展、媒体等配套产业，通过鼓励传统都市产业向时尚都市产业转型等方式构建开放综合的产业体系。②

2015年，黄浦区成为上海圈定的首个"上海市国际时尚之都示范区"。黄浦区力图在发达的传统产业基础之上，依托时尚产业载体建设，完善时尚服务功能，扩展时尚产业链，汇聚国内外时尚元素与资源，发展高端服务业，引领上海传统商贸业转型升级，打造世界级消费城市的主阵地。

黄浦区具备极佳的时尚产业区位优势，坐拥外滩、南京路、淮海中路、新天地、豫园等时尚地标，是上海历史文化和商业文化最集中的展示地，具备核心商务区的区位优势和服务经济发展的先发优势，黄浦区聚集了超过90％的国际知名品牌，有买手制连卡佛百货、综合体验购物中心 K11、国际知名品牌爱马仕等，高影响力的时尚活动如上海时装周、VOGUE 摩登不夜城等也纷纷在黄浦区举行。这里也是最能体现东西方文化交融的城区之一，兼容并蓄的特质与海纳百川的气魄为其发展时尚产业和打造时尚中心提供了文化基础，浓厚的文化艺术氛围令时尚产业自由生长有了优质的文化环境。另外，2010年世博会的后续效应之一是黄浦储备了滨江等一批用于时尚产业发展的园区，为时尚产业发展拓展了空间。③

①　刘天.上海时尚产业发展模式研究[D].上海：东华大学，2011.

②　唐忆文，詹韵华，蔡云，等.国际时尚产业发展趋势及上海借鉴[J].上海文化，2013 (2X)：66-72.

③　杨群，舒抒.一场美丽"蝶变"：黄浦区打造上海国际时尚之都示范区[N].解放日报，2015-10-16(14/15).

2015 年 10 月,黄浦区发布了《黄浦区时尚产业创新发展规划》,同时还推出了上海市首个支持时尚产业发展的配套政策《黄浦区促进时尚产业发展专项资金使用和管理办法》。

(一)黄浦区时尚产业体系规划

黄埔区的区域时尚产业规划是,站在服务上海时尚之都建设、提高服务业发展能级的高度,围绕时尚品牌消费、时尚贸易、时尚设计研发、时尚综合服务、时尚发布、时尚大数据研发这六大时尚元素,建设相应的品牌集聚、专业配套、贸易服务、信息发布、创意设计、精准营销六大功能,将时尚产业体系定位为"3+3+4"。具体来说,就是以上述六大时尚元素和相应的功能平台为核心,重点发展零售贸易、创意设计、展示传播等主导产业,协同发展时尚旅游、餐饮住宿、休闲娱乐等时尚消费服务衍生产业,配套发展以金融服务、评估咨询、专业培训、知识产权法律服务等时尚服务为支撑的产业,最终将上述关联的产业资源整合融入泛时尚产业群,发挥产业的聚集效应和黏合效应,形成融合联动、统筹发展的时尚产业发展格局。

三个主导产业分别有不同的发展策略。零售贸易方面主要发展品牌结合店、快闪店、生活方式店和网络零售实体店等新的业态,同时发展时尚贸易总部经济,吸引优质贸易促进机构、行业组织等时尚贸易主体。创意设计方面,一方面利用黄浦区现有的品牌集聚优势和辐射能力,加大对时尚设计的投入力度和提高时尚设计的研发水平,推动设计的商业转化;另一方面加大对自主品牌和原创设计的支持。展示传播方面,重点整合时尚地标、时尚事件、时尚活动、时尚文化等资源,扩大黄浦区时尚影响辐射力,形成潮流发布传播中心和具有时尚影响力的展示高地,另外探索新媒体时尚传播方式。

黄浦区在休闲娱乐产业的发展中特别重视时尚体育。认识到体育在新兴发展领域的潜力,黄浦区拟引进游艇协会、美国马球协会等行业组织,汇聚游艇俱乐部、帆船俱乐部等机构。

支撑产业层面,黄浦区在金融服务、评估咨询方面鼓励设立时尚产业基金,支持中小时尚企业孵化与培育、时尚研发设计投入、时尚品牌推广、时尚活动举办,同时力求发展商务咨询服务和大数据、云计算等信息技术手段在精准营销上的应用。专业培训方面,黄浦区从专业教育、职业培训和人力资源中介结构三个方面着手,引进国际顶尖时尚人才的培训机制、著名院校和高端人才。知识产权法律服务方面,为拿出有力措施维护创新者的利益和积极性,黄浦区一方面强调专业服务平台的搭建,探索成立知识产权中心;

另一方面则加快推进公共服务机构和中介服务机构的建设和发展,支撑企业,减少后顾之忧。

（二）黄浦区时尚产业空间布局

黄浦区时尚产业的空间布局是"一带、两轴、五区、多园、多点"。"一带"指外滩综合时尚服务集聚带,重点是以外滩作为主要区域形成一个高端时尚消费的体验地,其中老码头创意园区主要承载时尚体验与展示功能,外滩滨江区域主要承载金融商务和滨江观光旅游功能。"两轴"即南京东路及淮海路时尚品牌集聚发展轴,坚持"中华商业第一街"的定位,通过东段历史建筑改造和加强外滩联动,突出都市购物旅游功能,并加快国内外知名品牌引入和业态创新,后者凸显高雅精美、国际流行、时尚活力等特点,以"品牌＋总部"为重点,吸引时尚品牌总部及贸易型总部落户,集聚知识产权法律服务、专业会展服务、评估鉴定等技术服务、人力资源中介服务、管理咨询等各类专业服务企业,在时尚商务功能领域寻求跨越。"两轴"注重时尚和消费体验的商业形态调整陆续展开。南京路第一百货和东方商厦（南东店）内部连贯互通,合并成"全客群、全时段、全业态、全品类、全渠道"的一站式商业"巨无霸"。"五区"即新天地高端商务区、豫园商业文化旅游区、世博滨江文化博览商务区、人民广场公共文化商务区以及打浦桥综合商务区这五大黄浦区商业高地,发展目标是形成独具特色的时尚文化展示区。"多园"即多个创意产业集聚区,重点发展创意设计和评估咨询、专业培训及知识产权法律服务。比如,江南智造重点聚焦广告、工业设计、艺术设计等设计创意领域,形成"创意城区";8号桥重点引进国内外知名设计创意业企业与大师,引领高品质设计创意;卓维700重点发展艺术品设计与展示、影视制作等,形成艺术荟萃地;田子坊重点发展人文艺术创意,融合文化、艺术与创意。"多点"是指契合未来商务办公智能化、分散化、个性化等趋势,创新商务发展形态,构筑"虚拟时尚商务区"。①

（三）黄浦区时尚产业发展配套政策

时尚产业发展配套政策方面,黄浦区将对注册登记的企业和组织以及在黄浦区落户的功能性机构开展促进黄浦区时尚产业发展的项目予以扶持。围绕时尚品牌消费、时尚贸易、时尚设计研发、时尚综合服务、时尚发布、时尚大数据研发六大平台建设,对符合政策支持的时尚产业项目,综合

---

① 陆绮雯.一份报告,勾画黄浦时尚产业发展线路图[N].解放日报,2014-12-01(08/09).

社会影响和资金投入总量来确定扶持资金补贴额度。黄浦区商务委员会从2016年起定期受理专项资金申请并组织评审,支持项目经区政府批准后,根据项目的实施情况和进度,由区财政局审核后,将扶持资金拨付至项目实施单位。区商务委员会、区财政局等部门对项目的实施情况和资金使用情况进行监督检查和绩效评价。

第二节　定位区域时尚产业中心的时尚城市发展政策分析
——以浙江杭州、宁波为例

一、浙江发展时尚产业的指导思想和策略

出于传统产业转型升级、培育新经济增长点的考虑,浙江省于2014年正式提出时尚产业发展规划。在2015年的浙江省政府工作报告中,时尚与信息经济、健康、节能环保、旅游、金融、高端装备等一同被列为七大万亿级产业。

浙江省具有发展时尚产业的众多优势,生产制造领域具有广泛的产业基础,市场集聚程度高,无论是实体经济还是虚拟终端都拥有各类交易平台,消费市场广阔、消费观念创新求变。而制约因素在于设计研发能力、自主品牌影响力和时尚产业链环节联动不足。① 因此,浙江省发展时尚产业的目标是实现从传统产业加工制造中心向以创意设计引领的时尚产业创造中心转变,成为国内时尚产业发展的先行区和示范区。总体思路是以制造业为基础,通过强化设计和营销等环节,推进传统轻工产业时尚化,形成时尚产业链。因此政策着力点强调提高时尚产业设计创新能力、时尚产品营销渠道掌控能力、时尚产业智慧制造水平、重点时尚龙头企业品牌知名度和市场占有率,加强重点城市和重点产业基地对时尚产业发展的引领示范作用,以及形成具有自身特色的时尚产业新业态、新模式。

浙江省时尚产业布局以时尚服装服饰业、时尚皮革制品业、时尚家居用品业、珠宝首饰与化妆品业、时尚消费电子产业等五个领域为重点,通过时尚设计、品牌运作、展示展览、信息传媒、标准检测等手段,促进流行时尚元素与传统轻工产业的融合,形成具有强大竞争力和区域特色,以智能制造为基础,以设计、营销为核心,以自主品牌为标志的时尚产业体系。

---

① 浙江加快打造万亿元时尚产业[N].宁波日报,2016-05-06(A3).

把握时尚经济个性化、多样化消费的新常态和"互联网＋"发展趋势,围绕制造、设计、营销三个核心,浙江发展时尚产业的具体路径包括:

(1)制造业升级。支持时尚产业企业运用互联网、物联网、工业云、大数据等技术提高生产装备智能化、生产过程自动化、生产管控一体化、产业链协同网络化水平;支持有条件的企业在建立网络化、智能化制造体系的基础上发展小批量定制生产模式,使制造业由规模批量向个性化、定制化生产转变,由集中生产向网络化异地协同生产转变,由传统制造企业向跨界融合企业转变。

(2)时尚产业链联动发展。制造业与创意设计以及营销策划、媒体宣传、现代物流等协同发展,打造上下游相互促进、联动发展的时尚产业链。

(3)时尚设计模式创新。鼓励时尚设计机构或人才通过线上线下平台承接国内外设计项目。鼓励时尚产业企业建立以用户为中心,以平台化服务、社会化参与为特点的新型设计组织模式,积极探索基于互联网的个性化定制、众包设计等设计创意模式;支持网络众创设计,鼓励以互联网为依托创建网络众创平台,建设一批时尚设计数据库,提供在线设计工具,打造在线创客平台和创客设计基地。

(4)时尚产品营销模式创新。探索移动电子商务、众筹营销、网上定制等新型营销模式,支持依托大型电子商务平台创建集时尚名品展示、发布、交易等功能于一体的在线时尚产业带、网上时尚名品馆,支持传统市场、商业街改造升级,打造线上线下融合,集产品设计、展示、体验、购物等功能为一体的时尚街、廊、馆、店、场,支持企业通过互联网形成专业化分工、协同创新和制造的产业联盟。

为扶持时尚产业发展,浙江出台的配套政策主要包括:

(1)财政扶持。《浙江省发展时尚产业 2015 年工作要点》提出省工业和信息化、战略性新兴产业、商务促进等专项资金要加大对时尚产业发展的支持力度,重点用于省级重点企业设计院的创建、大型时尚活动、整体宣传、人才培养和公共服务平台建设等;省转型升级产业基金、信息经济创业投资基金通过股权投资等方式支持时尚产业发展;各市、县(市、区)政府要根据财力安排一定的扶持资金,结合实际有重点地支持本地时尚产业发展。

(2)用地保障。时尚产业特色小镇享受《浙江省人民政府关于加快特色小镇规划建设的指导意见》确定的土地要素保障政策;时尚产业园建设可作为整体列入省重点工程项目,优先安排建设用地指标;鼓励用地单位在不改变用地主体、不重新开发建设等前提下,利用工业厂房、仓储用房等存量房产、土地资源开展研发设计和电子商务等业务。

（3）体制创新。加强创业孵化，为时尚设计人才创业提供房租优惠、创业资本、市场开发以及设计数据库、设计软件与设计装备使用等支持和服务；推动建立时尚产业设计企业与制造企业的协同发展机制，开展订单式、契约式、股权式等多种形式的设计服务；鼓励各地出台支持时尚产业制造企业购买设计服务的政策，培育壮大设计服务市场，带动时尚设计企业发展。

（4）金融支持。鼓励金融机构根据时尚产业特点创新金融产品和服务，加快发展商标权质押等新型信贷业务；支持符合条件的时尚产业企业探索开办面向中小时尚产业企业的小额贷款公司；支持符合条件的自主品牌企业通过上市、发行债券等直接融资；引导设立市场化运作的时尚产业创业投资基金。

（5）知识产权保护。加强创意设计、专利技术、商标品牌等知识产权的行政保护，鼓励企业对自主设计品牌进行知识产权登记，为培育品牌产品和企业在境外注册商标、申请专利提供指导和支持；对线上线下产品的各种侵权行为开展多部门联合执法，形成企业自我保护、行政保护和司法保护"三位一体"、相互衔接的保护体系。

（6）名师培育。实施浙江省时尚产业"名师培育计划"，并予以相关政策支持和重点培养；支持时尚企业引进国内外高端时尚设计人才和团队，优化对高层次人才医疗保健、子女就学、家属就业等方面的服务。

浙江发展时尚产业的路径特点之一是以平台建设为中心，一是计划创建杭州、宁波、温州三大时尚名城和柯桥面料、海宁皮革制品、诸暨珍珠饰品、义乌饰品、临海休闲用品、嵊州领带服饰等特色时尚产业基地，打造国内外具有较大影响力的特色时尚产业示范基地；二是在时尚产业重点发展领域规划建设一批产业特色鲜明、体制机制灵活、人文气息浓厚、生态环境优美、多种功能叠加的特色小镇，打造产业、文化、旅游"三位一体"的时尚产业发展新载体；三是推进时尚产业集聚、创新和升级，新建或利用工业厂房、仓储用房等存量房产、土地资源改扩建一批集设计研发、品牌创建、时尚发布和公共服务等功能于一体的时尚产业园，打造时尚产业"众创空间"和集聚高端资源的"时尚谷"。

笔者将以杭州特色小镇和宁波时尚名城建设为例，探讨浙江省在打造时尚产业发展平台方面的经验。

二、杭州发展时尚产业的平台建设
——以艺尚小镇规划为例

形态上"小而美"、产业上"专而强"、机制上"新而活"的艺尚小镇,地处余杭区临平街道新城核心区块,是浙江稳增长、调结构、强创新的全新载体之一,是浙江省首批 37 个特色小镇之一,也是杭州唯一一个定位于时尚产业的特色小镇。①

余杭区是服装企业的集聚地,区域内配套设施完善,物流体系成熟,为时尚产业的发展奠定了良好的基础。首先,女装产业是杭州传统的特色行业,也是杭州正在打造的时尚潜力产业。在临平新城附近的乔司、九堡就聚集了约 1800 家服装企业。另外,余杭周边有海宁、桐乡、萧山、柯桥等国家级纺织产业基地。其次,临平位于杭州东北面,东连桐乡、海宁,北接德清,南面是杭州主城、下沙副城,交通区位优越,沪杭高铁和杭州地铁一号线在此交汇,市政设施和公共服务配套完善齐全。②

本着推动产业发展与城市未来深度融合的发展理念,艺尚小镇的定位是以时尚服装、珠宝配饰及文化创意相关产业为特色,兼具教育培训、旅游休闲、跨境电商和金融商务等功能,成为融商业、办公、产业链以及艺术生活社区于一体的时尚展示平台、中外时尚交流的权威平台,并探索形成时尚产业教育、研发、设计、制造、物流产业化紧密衔接的创新体系,和"创业苗圃＋孵化器＋加速器＋产业园"接力式链条的时尚创意产业新生态。

艺尚小镇规划了"一心两街多支点"的空间格局。"一心"指的是环东湖时尚产业中心;"两街"是时尚文化街区和时尚艺术街区。时尚文化街区是艺尚小镇启动区块项目,以时尚产业为主导,叠加文化与旅游功能。作为小镇重要的自建部分,"时尚文化街区"全长 1700 米,计划建成汇聚国际时尚产业研发精英的设计师平台。2016 年 9 月,杭州 G20 峰会期间,文化大师工作室、时尚设计团队和艺术家平台亮相。时尚艺术街区以引进的中国艺尚中心项目为核心引擎,发展世界级时尚产业总部集群。

艺尚小镇在发展战略上采取时尚之城和跨境电商"双轮驱动"的策略。2015 年,50 家服装企业入驻艺尚小镇,引进设计师平台 10 余家,新增税收

---

① 虞倩,林建安,周涛.临平新城有座杭州唯一时尚产业特色小镇,来艺尚小镇找找答案吧[N].都市快报,2015-11-27(E16).

② "中国服装国际时尚交流基地"落户临平[EB/OL].(2015-01-27)[2016-06-15].http://ori.hangzhou.com.cn/ornews/content/2015/01/27/content_5627753.htm.

5300 万元①；截至 2015 年 8 月，共有 39 家（跨境）电商龙头企业入驻临平新城范围内楼宇，总租赁面积约 20000 平方米。② 而且与其他跨贸园区主打进口的跨境贸易不一样的是，余杭跨贸园区的打造主要是为了助推本地传统产业升级，为本地中小企业提供跨境电商服务。

艺尚小镇的价值战略是"国际化"。小镇内投资额度最大的项目是中法合作的总投资达 30 亿元的艺尚中心。围绕国际产业合作、教育、研发、人才交流等时尚产业功能，艺尚中心致力于成为国际化时尚社区和世界级时尚品牌互联网发布中心。中法建交 50 周年庆典之际，"中法青年时尚设计人才交流计划"基地落户艺尚中心。③ 另外，艺尚中心已确定与法国时尚学院建立长久战略合作。法国时尚学院将为中国服装企业及青年设计人才提供创意设计、市场营销、品牌管理等精选课程，并为学员提供在爱马仕、香奈儿、迪奥等品牌企业的实习机会。④

余杭区人民政府已经与中国服装协会、中国服装设计师协会就共同推动艺尚小镇建设签署了《战略合作协议》。2015 年年初，中国服装协会和中国服装设计师协会联合为艺尚中心授牌"中国服装国际时尚交流基地"。这里将引进美国、法国、意大利、西班牙等国家时尚行业的各种资源，并聚集约 150 家国际行业机构和组织、300 余家国际传媒机构、700 余家国内实力服装代理商，助力中国时尚企业成长。

中国服装协会、中国服装设计师协会将在艺尚小镇建立与主导产业相关的公共服务平台体系，开展时尚人才教育培训、企业间的国际交流、品牌企业的孵化等项目，构筑"云经济"时代下创新型的产业链生态系统。同时也将推进新锐设计师的产业化聚集，为国内的新锐设计师提供研发设计、供应链管理、品牌传播和宣传推广等支持与服务。⑤

时尚创意人才培育方面，余杭区人民政府与艺尚中心项目作为发起方，中国服装协会、中国服装设计师协会联合国内优秀的服装企业与国际时尚

---

① 王丽娟，虞倩. 艺尚小镇助推杭州成为中国的"米兰"[N]. 杭州日报，2016-03-18（A05）.

② 虞倩，林建安，周涛. 临平新城有座杭州唯一时尚产业特色小镇，来艺尚小镇找找答案吧[N]. 都市快报，2015-11-27（E16）.

③ 陈爽. 艺尚小镇时尚，改变城市的力量[N]. 浙江日报，2015-07-06（00008）.

④ 魏奋. 中国·艺尚中心引入法国时尚高端资源[N]. 都市快报，2015-07-06（C07）.

⑤ 杭州艺尚小镇签约三方合作打造中国"时尚高地"[EB/OL].（2016-03-17）[2016-07-05]. http://news.xinhuanet.com/fashion/2016-03/17/c_128805660.htm.

学院参与,将在小镇启动时尚学院的筹备工作,通过国际学历教育和短期培训的模式进行时尚创意人才的培养。

艺尚小镇的时尚产业"新高地"初步成型,四十余家国内知名品牌已签订入驻协议。此外,艺尚小镇从 2016 年起举办了一系列围绕"推动品牌模式创新"的年度活动,如由中国服装协会主办的"中国服装论坛·杭州峰会"便将每年在艺尚小镇举办,并将小镇作为该活动的永久会址。

三、宁波发展时尚产业的平台建设
——以宁波时尚名城建设方案为例

根据《浙江省时尚产业发展规划纲要(2014—2020 年)》的部署,作为三大时尚名城建设试点城市之一,宁波市已经提出时尚产业发展和时尚名城建设实施方案,指导思想是以服装服饰、时尚家居和时尚消费等传统优势产业为基础,以强化营销和设计为基点,以"互联网+时尚"为依托,实现传统产业向时尚产业转化,特别是提升宁波轻纺类企业在行业内的号召力。

具体策略包括"快时尚"品牌培育、服装科技含量提升、家纺产品个性定制、"电商换市"等,平台载体是大型时尚活动、特色小镇和时尚产业园。宁波市将鄞州区、北仑区、海曙区、江东区及象山县、奉化市列为时尚产业发展引导区,要求各县(市)区依据自身产业优势培育和建设时尚类特色小镇。

空间规划方面,一是完善时尚商业载体,打造"一个中心、三个圈层"的时尚消费聚集区。"一心",即以天一广场、和义大道、老外滩为主体的时尚商业消费中心;"三圈",即以东部新城为主体的进口商品时尚消费圈,以鄞州万达、环球城为主体的南部时尚消费圈和以第六空间、红星美凯龙、宜家为主体的时尚家居消费圈。同时借助电子商务平台,拓展新型营销和体验模式,推动线上线下联动发展。二是建设创意设计园区,如以和丰创意广场为主体建设以设计师品牌为主体的"和丰时尚创新设计中心",同时支持宁波市大学科技园、创意 1956 工业设计产业园、新芝路 8 号设计产业集聚区、211 创意设计产业园等园区建设。①

2016 年,宁波市江北区与浙江纺织服装职业技术学院联合创办的中英时尚设计学院已经选址白沙。另外,这一区域拟引进 15 家以上企业,建设一批兼具生产、教学功能的专业化实训基地。根据规划,泛老外滩区域将建

---

① 宁波市发展时尚产业、建设时尚名城实施方案(送审稿)[EB/OL].(2015-07-07)[2016-07-02].http://www.doc88.com/p—9903176711790.html.

设由"一院(中英时尚设计学院)四中心(时尚艺术创客中心、时尚文化互联中心、时尚协同创新中心、时尚生活体验中心)"组成的国际时尚小镇,围绕时装、配饰、人物形象、家纺设计、文创策划、艺术设计、时尚传媒等都市时尚产业,开展时尚产业趋势咨询、时尚设计、新品发布、文化培训、休闲娱乐、信息服务等专业服务,实现时尚人才培养、时尚产业基地建设、时尚活动策划服务、时尚创新创业培育等综合功能,形成集创意、艺术、文化、商业、旅游体验于一体的宁波标志性新兴时尚特色产业园。①

　　配套政策方面,重点支持省市级重点培育企业、品牌及企业设计院的创建、大型时尚活动、人才培养和公共服务平台建设的项目;同时通过引导风险投资和金融机构支持时尚产业集群发展。江北区已经出台促进文化时尚产业发展的暂行意见,每年为文化时尚产业提供不少于 5000 万元的扶持资金,其中就包括浙江省划定的五类时尚产业——时尚服装服饰业、时尚家居用品业、珠宝首饰与化妆品业、时尚消费电子产业、时尚皮革制品业。

　　时尚人才培养方面,宁波市计划加大高校培养设计人才的力度,鼓励本地高校增设时尚设计类专业学院,重点支持宁波大学、浙江纺织服装职业技术学院开设时尚设计与时尚营销方面的专业,培训紧缺的时尚设计师、时尚买手、时尚与奢侈品管理、时尚品牌运营等人才,引进国外时尚类优质高校教育资源、专业管理机构;同时发挥"宁波市新型面料研发与应用协同创新中心"的作用,提升时尚设计类、管理类在学科建设、人才培养、科研服务等方面的协同创新能力。

第三节　结论与讨论

　　综合考察上海和浙江的时尚产业发展政策,两者的共性是:都将时尚产业发展作为升级、改造传统轻工产业的战略方向与路径;都综合考虑轻工业转型和城市形象提升,时尚产业集群构建与城市品牌提升和城市形象建设结合;都意图通过时尚产业带动传统制造业转型升级,由工业经济向服务经济转变;都以会展、传媒、流通等作为时尚配套体系,在整合时尚产业的设计、制造、消费等产业链整合环节、加强产业集聚度中发挥作用。

---

　　① 　徐欣,吴红波,张彩娜.泛老外滩区域将打造国际时尚小镇建"一院四中心"[N].宁波日报,2016-03-25(A2).

　　然而两者在时尚产业的路径目标、产业业态等方面仍稍有不同。上海的时尚产业更多的体现出消费驱动、商业经济的优势区块升级的特点，而浙江则更多的表现出制造向"智造"升级的区域产业转型特征——营造轻工产业创意设计新优势，促进传统产品与现代时尚元素结合，推动工业设计向高端综合设计服务转变、工业设计服务领域延伸和服务模式升级。

　　载体建设方面，浙江在发展时尚产业的同时考虑城乡统筹发展，时尚产业的独特载体是"小镇经济"。特色小镇不是行政区划单元上的"镇"，而是相对独立于市区，有明确产业定位、文化内涵、旅游特色和一定社区功能的发展空间平台。

　　具体就宁波市而言，宁波市虽然已经有独立的实施方案出台，但现实的时尚产业发展仍局限于服装、家纺等传统领域，因此仍待寻找突破性的产业切入点。另外，载体建设上宁波虽与上海一样走传统文化街区改造、文化品牌利用的路线，但老外滩等地标的影响力仅限宁波本土，因此成功建成具有区域影响力的时尚集聚区需要较高的投入。

第八章 城市文化视域下宁波纺织服装产业向时尚产业转型的政策建议

纵观国际时尚产业发展轨迹,纺织服装产业一直起着先导作用。从产业规模、企业集聚度和市场地位等多个维度对宁波纺织服装产业进行考察后,我们认为,目前宁波在纺织服装领域已具有推进时尚产业发展的现实基础。可以说,依托良好的制造业基础优势,以时尚产业为切入点,有序推动宁波服装产业向时尚产业转型升级,对促进区域经济创新发展具有十分重要的意义。

第一节 宁波纺织服装产业向时尚产业转型升级的现实基础

宁波纺织服装产业集聚度高,产业链完整,已具备向时尚产业发展的产业基础。宁波是中国最大的服装制造基地和主要出口城市之一,拥有雅戈尔、杉杉、太平鸟、博洋、维科、GXG、马威、雪狼等多个在国内有一定影响力的品牌,形成了以西服、衬衫为龙头,集针织服装、羊绒服装、休闲装、童装、皮装等产品为一体的庞大的产业集群。《2016 宁波统计年鉴》显示,2015年,宁波的纺织服装产业的工业总产值突破 1000 亿元,占全市工业总产值的 25%。在服装产业的带动下,纺织行业也不断加快技术改造,引进一大批国外先进设备和技术,一些骨干企业的主要装备水平达到国际先进水平。2015 年,宁波市规模以上纺织工业企业共 944 家,累计实现工业总产值 1214.91 亿元。同样,宁波服装产业面辅料生产企业、印染企业也在新一轮产业结构、产品结构调整方面取得了很大成效。目前,宁波已经形成了服装加工、印染、面辅料制作等上下游衔接、相互配套的完整产业链,并集聚了一批集设计研发、品牌创意、商业运营、品牌经营、文化经营功能于一体的复合型时尚产业运营企业,这为纺织服装产业转入时尚产业拓展提供了扎实的产业基础。

宁波纺织服装产业开放程度较高,扶持力度大,为向时尚产业发展提供了良好环境。深厚的商业文化积淀、"红帮裁缝"的传统优势、对外开放的先发优势、雄厚的企业实力、先进的技术设备,有效推动了宁波纺织服装产业与国外著名企业间的多层次、全方位的国际分工合作,形成了较高的产业开放度和较强的国际竞争力。宁波已连续成功举办 19 届宁波国际服装节,助力于宁波企业持续开拓国际国内市场,不断提升宁波乃至中国服装产业的国际竞争力。同样,宁波也一直将纺织服装产业作为地方的一张名片予以大力扶持。纺织服装作为宁波的传统优势产业,被列入宁波市重点发展的"4+4+4"产业之一。《宁波市纺织服装产业"十二五"发展专项规划》明确了宁波服装业在"十二五"期间发展的重点和主要任务。同时,2015 年 5 月,宁波市经济和信息化委员会组织开展了时尚产业发展规划研究,规划了宁波时尚产业的发展目标与思路,其中把纺织服装产业确定为宁波时尚产业先导发展产业,在政策上予以充分倾斜和扶持。

宁波纺织服装产业时尚活跃度上升,电子商务助力,为向时尚产业发展注入了强大动力。打造"时尚发布中心城市"已成为宁波众多服装企业的共识。近年来,宁波先后举办了中国新锐设计师走进宁波、秋冬流行面料趋势展示、中国服装论坛、中国服装大赏、时尚品牌流行趋势发布等 40 多项时尚活动,彰显了宁波引领时尚潮流的实力。同时,以博洋、太平鸟、GXG、雅戈尔、杉杉等为代表的宁波纺织服装企业纷纷"触网",积极推进"互联网+"的产业发展路径,利用电子商务平台强大的市场导向能力和营销能力,多个品类取得全网销售冠军。2011 年,宁波荣获了"中国服装电子商务最佳示范城市"称号。2014 年,宁波电子商务城开城,借助互联网和信息技术建设宁波市纺织服装创新云平台,打造全球领先的纺织服装产业互联网创新中心,进一步开创了纺织服装电商新局面,为产业时尚化发展注入了新的动力。

第二节　宁波纺织服装产业向时尚产业转型升级的障碍

虽然宁波纺织服装产业时尚化发展已有一定基础,但与真正实现向时尚产业转型之间的差距依然很大。

从产业价值链来看,当前宁波纺织服装企业还处于价值链低端,产品附加值相对较低。服装产业的价值链一般包括原料处理、产品设计、纺织品生产、成衣制造、品牌营销等几个环节。据测算,价值链上的利润分配一般为设计占 40%,营销占 50%,生产占 10%。从宁波纺织服装业情况看,一般以生产制造为主体,而且除了几个大型企业以外,又多以代工为主,总体处于价值链中的生产、制造环节,在研发设计和品牌营销等附加值高的价值链环节中所占份额不高,产品附加值低。而且在劳动力成本持续上升、生产要素价格不断上涨、人民币持续升值等多重压力下,纺织服装产业整体的利润率进一步走低。

从产业竞争力来看,宁波纺织服装企业面临激烈的市场竞争,制约了企业的转型发展。近几年,众多国际知名服装品牌如西班牙的 ZARA、意大利的范思哲、法国的依都锦、瑞典的 H&M、美国的 GAP、日本的优衣库等纷纷瞄准消费潜力巨大的中国市场,销售门店数量快速增长,迅速抢占国内服装市场份额。对正在国内市场发展自主品牌或准备推出自主品牌的宁波服装企业来说,在国内市场中就需要直面国际知名品牌的激烈竞争,市场竞争的压力巨大,盈利变得更加困难。由代工生产向自主品牌经营本身就是一个漫长而艰难的过程,企业需要在前期投入大量资金提高研发能力,改变业务运作模式,建立销售渠道和网络,而投入回报具有很大的不确定性,也不能马上就有效益。这些因素导致许多纺织服装企业没有多余能力打造自主品牌来进行转型升级。

从发展潜力来看,高端服装设计和品牌营销人才严重短缺,制约了产业的时尚化转型。企业的设计和研发人才是企业进行技术创新和产品创新的基础,目前在宁波服装企业中高端服装设计中人才严重短缺,尤其缺少能够把握市场方向、具有开拓创新能力的设计人才,这极大地制约了宁波服装企业的品牌创建、产品向高端市场发展和参与国际竞争。同时,宁波服装企业在自主品牌营销中所需要的品牌运营总监、渠道销售总监等中高级营销人才也比较缺乏,这影响了服装品牌的塑造和市场的扩张,阻碍了宁波新品牌的涌现。

此外,宁波服装产业向时尚创意产业转型发展的其他障碍因素还有:服装企业在信息化和供应链体系建设方面还比较滞后,不能满足企业转型发展的需要;中小服装企业融资难,缺乏向时尚创意转型所需要的资金投入;服务于时尚创意产业发展的公共服务平台建设比较滞后;与国内一些城市如北京、上海、杭州、深圳等相比,宁波的时尚氛围还不浓厚,时尚之都的形象有待提升。

第三节　宁波纺织服装产业向时尚产业转型升级的对策

宁波纺织服装产业向时尚产业转型,从传统产业转型升级路径来看,涉及产业间升级和产业内升级两大路径;从传统产业转型升级对象来看,涉及产业、企业、市场等各个方面,是一项复杂的系统工程。因此,必须从整个产业重构角度出发,不断拓宽思路,从多个方面采取有力措施。

一、进一步完善时尚产业链,提升时尚产品附加值

宁波企业应将更多的资金投在引进人才和完善生产链上,注重创新、研发、开辟新产品、营销等方面,增加产业附加值。结合宁波时尚产业政策扶持,争取在较短时间内使纺织服装产业成为宁波时尚产业体系架构中的核心力量。宁波纺织服装产业在选择海外代加工的同时应重视制造环节对产业的基础作用。要加强与代加工商的文化交流,重视质量检测以及如何缩短运输时间及成本等问题。此外,在产业转移过程中,应将批量生产外包至生产成本较低的国家和地区,但仍应保留高端制造业,效仿纽约的曼哈顿服装成衣中心区,即宁波不可忽略和摒弃服装制造业对于时尚产业和时尚之都的经济的重要贡献,需要加强技术的创新追求,从而降低生产制造的成本,提高生产效率。

二、大力实施品牌战略,培养龙头企业和时尚品牌

发展宁波时尚产业,应向国际时尚之都学习,重视宁波本土服装品牌的质量控制和品牌竞争,增加品牌国内外知名度。首先,企业必须从贴牌加工逐步转变为品牌自创,立足城市品牌资源,应具备能在国际层面上打造、经营和管理品牌的优秀设计师与营销人才,按市级、国家级、国际级三个层次逐步制订品牌战略目标。政府和市场也要双管齐下,坚持引进与吸收创新、

大胆自主创新相结合,学习国际知名企业的人才引进政策。其次,要加快推进时尚产业产品、企业品牌的发展,重点扶持和打造一批龙头企业和知名本土时尚品牌。此外,可以设立服装自主品牌发展基金,支持服装企业自主品牌建设。

三、设立时尚地标,打造多维度时尚消费聚集地

根据宁波各地区的性质和功能进行划分,设立不同的时尚地标,满足不同层次消费者对于时尚产品的需求。例如打造和义大道、天一广场、万达广场、印象城、城隍庙等宁波时尚地标。根据不同地区划分出不同层次和特色的消费聚集区,例如应把和义大道作为高端时尚消费聚集区,着重利用其市中心的地理位置和高端时尚品牌聚集的特征,将其打造成世界时尚与潮流的风向标。此外,对于天一广场、万达广场、来福士等具有国内外知名品牌的区域,应将其打造为时尚消费发展的核心区域,展示本土与国际时尚最新潮流的走向,搭建国内外设计师交流平台。此外,应提供设计师品牌聚集地,例如将银亿时代广场的商业区或彩虹服饰广场打造为独立设计师品牌购物中心,为独立设计师提供展示其品牌产品的平台,打造孕育世界时尚与潮流设计师的摇篮。

四、培育独立设计师品牌,降低征税标准

新兴的独立设计师品牌有较多的创意,而资金和渠道支持相对较少。因此,政府应给予其一定的关注和支持,设立配套体系,通过串联面料商、加工厂以及市场,将独立设计师聚集起来,为其提供可靠合适的面料供应商和加工厂。此外,政府也可设立专项资金,鼓励行业协会或大型企业组织举办国际级和国家级设计大赛,邀请国内外设计师参与比赛,特别应邀请国外新锐品牌设计师参与,为宁波时尚人才与国际时尚人才同台竞技切磋、交流取经提供良好的平台。政府可为独立设计师品牌集合店或其入驻大型商场(如银泰百货、万达广场)提供优惠政策和税务减免政策,最大限度地降低设计师的创业风险和成本,将优秀的设计人才聚集在甬城。

五、培育专业时尚媒体平台,提高品牌宣传力度

时尚活动和传媒是时尚产业发展不可或缺的两大平台。宁波可学习上海设立"宁波时装周"。除此以外,每年举办的各种与时尚产品发布、时尚人物评选相关的展会吸引着全球目光,成为掀起流行的另一个重要平台,因此应注重提升宁波国际服装节、中国国际家具博览会、中国国际文具礼品博览会的知名度。

宁波应加快培养、扶持专业的时尚媒体平台,加强本土时尚品牌、时尚企业、时尚文化的宣传,开设专门的时尚经济产品推介、时尚人物访谈等栏目,增强宁波时尚媒体的潮流视角、国际视野、时尚权威等专业水平,通过媒体竞争力的提升促进宁波时尚品牌的国际知名度与影响力的提升。宁波应对一批有潜力的时尚媒体进行重点扶持,建立专业的时尚信息发布平台(如时尚经济研究所网页),提高时尚信息发布的有效性及商业性。

六、加强时尚人才培育,为时尚产业的发展提供智力支持

在时尚人才的培养方面,宁波应"两条腿"走路:一方面提高区域内人才培养能力,以浙江纺织服装职业技术学院为基础,引进国外时尚类优质高校教育资源、专业管理机构,创办本科层次的国际时尚学院,开设时尚设计与时尚营销方面的专业,培养紧缺的时尚设计师、时尚买手、时尚与奢侈品管理、时尚品牌运营等人才。加强与宁波时尚企业共同合作,定向培养宁波时尚企业发展急需的人才,如雅戈尔订单班模式、太平鸟电子商务基地模式等。另一方面,加大对高端时尚产业人才的引进力度,在国内外各类时尚设计院校中(如东华大学、北京服装学院等)公开选拔优秀人才,引进这些优秀人才,落户开设设计师工作室,给予资金补助与政策扶持,为这些人才提供发展空间。同步推进设计人才的展示交流平台建设,组织开展国内外多类型的时尚产品设计比赛,邀请国内外设计师特别是国外新锐品牌设计师参与比赛,为宁波时尚人才与国际时尚人才同台竞技、交流合作疏通渠道。

参考文献

[1] 蔡罕.宁波文化 30 年的历史分析[J].浙江万里学院学报,2008,21(6):93-97.

[2] 曾望军.论城市文化品牌及其战略管理[J].湖南文理学院学报,2009,34(3):82-85.

[3] 陈建祥.宁波与国内相关城市文化产业比较与借鉴[J].宁波经济:三江论坛,2015(1):38-42.

[4] 陈爽.艺尚小镇——时尚改变城市的力量[N].浙江日报,2015-07-06(00008).

[5] 陈希.意大利时尚产业文[D].北京:对外经济贸易大学,2007.

[6] 丁俊杰.文化才是城市最大的不动产[EB/OL].(2015-09-28)[2016-07-03].http://www.swdx.dl.gov.cn/rdwtzt/jdgz/Document/57302/57302.html2015-09-28.

[7] 方东华,张英,郑海江.推动宁波文化产业跨越式发展研究[J].中共宁波市委党校学报,2013(35):120-124.

[8] 傅蜜蜜.文化创意产业发展比较研究——以广州和英国城市为例[J].城市观察,2016(1):135-146.

[9] 高骞.上海时尚产业政策研究[J].科学发展,2009(10):87-95.

[10] 高长春.时尚产业经济学新论[M].北京:经济管理出版社,2014.

[11] 顾庆良.时尚产业导论[M].上海:上海人民出版社,2010.

[12] 杭州艺尚小镇签约三方合作打造中国"时尚高地"[EB/OL].(2016-03-17)[2016-06-15].http://news.xinhuanet.com/fashion/2016-03/

17/c_128805660. htm.

[13] 侯青. 城市文化品牌定位研究[D]. 广州：广东外语外贸大学,2014.

[14] 黄辉. 巴黎文化产业的现状、特征与发展空间[J]. 城市观察,2009,3(3):28-37.

[15] 黄淑娜. 宁波会展设计的现状与发展对策研究[J]. 中国管理信息化,2010,13(23):52-53.

[16] 李宏宇. 宁波市文化产业发展的现状及对策研究[J]. 宁波大学学报,2007,20(2):31-35.

[17] 李奎泰. 首尔和上海的城市发展战略和城市文化政策之比较[J]. 当代韩国,2006(1):85-90.

[18] 刘天. 上海时尚产业发展模式研究[D]. 上海：东华大学,2011.

[19] 刘文俭. 城市文化解析[J]. 中共杭州市委党校学报,2005(2):8-13.

[20] 刘瑶. 日本动漫产业的发展历程、驱动因素及现实困境[J]. 现代日本经济,2016(1):63-75.

[21] 刘易斯·芒福德. 城市文化[M]. 北京：中国建筑工业出版社,2009.

[22] 陆绮雯. 一份报告,勾画黄浦时尚产业发展线路图[N]. 解放日报,2014-12-01(08/09).

[23] 陆晓晓,陈桂玲. 建设时装之都发展北京时尚产业[J]. 科技与企业,2007(7):79-81.

[24] 毛才盛. 宁波时尚经济的发展理论与实证研究[M]. 杭州：浙江大学出版社,2015.

[25] 毛坚. 政府财政扶持文化产业发展研究——以宁波为例[D]. 杭州：浙江大学,2014.

[26] 梅子满,胡琳芸. 全力打造文化产业升级版宁波今年要做这些事[EB/OL]. (2016-04-11)[2016-04-11]. http://news. cnnb. com. cn/system/2016/04/11/008492914. shtml.

[27] 戚能杰. 宁波城市节庆活动的文化表达与可持续发展[J]. 改革与开放,2009(12):255-256.

[28] 任国岩,吴仁兴. 宁波会展业创新发展研究[J]. 中国集体经济,2015(2):33-35.

［29］任国岩.2009 年宁波市会展业发展报告［R/OL］.（2012-04-27）
［2016-06-25］.http://www.doc88.com/p-4703936859537.html.

［30］沈侃.时尚产业商业模式创新路径［J］.江苏商论,2014(2):14-17.

［31］史亚娟.美国服装业的崛起与美国文化精神［J］.纺织服装教育,
2013,28(1):80-83.

［32］宋煜,胡晓鹏.浅析上海时尚产业发展路径选择［J］.企业经济,
2011(10):130-133.

［33］孙华翔.台湾文化创意藏宝图［J］.福建艺术,2006(3):43-45.

［34］孙佳山.韩国政府为何如此重视文化产业［EB/OL］.（2015-04-08）
［2016-04-05］http://money.163.com/15/0408/10/AMM0TDOH00253G87.
html.

［35］唐忆文,詹歆晔,蔡云,等.国际时尚产业发展趋势及上海借鉴［J］.
上海文化,2013(2X):66-72.

［36］王迪,朱学全,马云平.我国文化创意产业投融资问题的探讨［J］.
中国集体经济,2015(15):106-107.

［37］王可.动漫之都日本的财富战略.［EB/OL］.（2010-02-22）［2016-
06-07］.http://ip.people.com.cn/GB/10998675.html.

［38］王立丽,牛继舜.伦敦文化创意产业发展模式借鉴与启示［J］.商业
时代,2013(14):121-122.

［39］王丽娟,虞倩.艺尚小镇助推杭州成为中国的"米兰"［N］.杭州日
报,2016-03-18(A05).

［40］王续琨.城市文化与城市文化学［J］.城市问题,1991(2):15-19.

［41］王颖颀.时尚之都纽约的成功经验及对北京的启示［D］.北京:北
京服装学院,2012.

［42］魏奋.中国·艺尚中心引入法国时尚高端资源［N］.都市快报,
2015-07-06(C07).

［43］夏春玲,刘霞玲,林建萍,等.2013/2014 宁波纺织服装产业发展报
告［M］.北京:中国纺织出版社,2014.

［44］向勇,刘静.中国文化产业十年进程:一个实践分析框架研究［J］.
福建论坛(人文社会科学版),2009(8):103-115.

［45］辛修昌.宁波三江六岸滨水地区核心价值体系研究［D］.北京:清
华大学,2013.

［46］邢伟.对新形势下宁波会展经济发展对策的几点思考［J］.商场现

代化,2006(29):231-232.

[47] 徐欣,吴红波,张彩娜.泛老外滩区域将打造国际时尚小镇建"一院四中心"[N].宁波日报,2016-03-25(A2).

[48] 杨群,舒抒.一场美丽"蝶变":黄浦区打造上海国际时尚之都示范区[N].解放日报,2015-10-16(14/15).

[49] 姚朝文.城市文化教程[M].南京:南京大学出版社,2014.

[50] 叶英英.宁波文化产业发展探析[J].宁波大学学报,2005,18(3):88-91.

[51] 叶再山.宁波会展业对当地经济拉动作用相关性研究[C].2009年中国会展经济研究会学术年会论文集,2009.

[52] 应晓清.大力发展文化创意产业 提升宁波城市竞争力[J].浙江工商职业技术学院学报,2013,12(2):1-5.

[53] 虞倩,林建安,周涛.临平新城有座杭州唯一时尚产业特色小镇,来艺尚小镇找找答案吧[N].都市快报,2015-11-27(E16).

[54] 张佳.上海时尚产业集聚度测度及效应研究[D].上海:东华大学,2014.

[55] 张松才.坚持以科学发展观为统领走宁波会展业的创新之路[J].宁波通讯,2009(8):16-17.

[56] 张艺.城市品牌建设与城市文化研究[J].商业现代化,2009(1):126-127.

[57] 赵君丽.时尚产业的经济学分析[J].云南社会科学,2011(3):33-36.

[58] 赵俊林,梁金兰.宁波会展业发展现状及对策研究[J].北方经济,2013(8):38-39.

[59] 赵艳莉,谢晖,何依,等.我国历史文化街区保护机制研究——以宁波为例[J].城市发展研究,2014,增刊2:1-4.

[60] 浙江省发展和改革委员会,浙江省经济和信息化委员会.浙江省时尚产业发展规划纲要(2014—2020年)[DB/OL].(2015-07-21)[2016-06-15].http://www.zjjxw.gov.cn/zcfg/zcjd/2015/07/21/2015072100078.shtml.

[61] 中欧国际商学院《中国时尚产业蓝皮书》课题组.中国时尚产业蓝皮书2014—2015[M].北京:经济管理出版社,2015.

[62] 诸山.生态学视阈下的城市文化[M].南昌:江西人民出版社,2010.

附　录

社科成果专报
（第 7 期　总第 200 期）

宁波市社会科学院
宁波市社会科学界联合会　主办　　　　二〇一七年一月六日

宁波时尚产业人才建设现状与发展对策
（本文系宁波市时尚经济发展研究基地项目成果）

摘要：本课题对宁波时尚产业人才的总量、结构和作用发挥进行考察，认为时尚产业发展处于初级阶段、平台载体不足、政策支持不够、自主培养能力偏弱等是制约我市时尚产业人才集聚的主要原因。鉴于此，建议采取体制机制创新、人才引进培育、创业创新平台建设、人才发展生态环境建设等四方面举措，加快高层次时尚人才集聚，为我市制造产业向时尚产业转型升级提供智力支持。

根据《浙江省时尚产业发展规划纲要（2014—2020）》及宁波市现有的产业基础，本文将时尚产业范围界定为：纺织业；纺织服装、服饰业；皮革、毛皮、羽毛及其制品和制鞋业；文教、工美、体育和娱乐用品制造业；汽车制造业；家具制造业。人才资源作为第一资源，是推进产业发展不可或缺的内生动力。课题组结合宁波时尚产业发展现状，对产业人才队伍情况进行了深入分析。

一、宁波时尚产业人才队伍现状

(1)时尚产业人才总量波动增长,但落后于全市人才总量提升幅度。

一般把具有大专及以上学历和中级及以上专业技术职称人员纳入人才统计范围。从对规(限)上企业的统计情况看,从 2011 年到 2015 年,宁波时尚产业人才从 18.06 万人增长到 26.60 万人,增长 47%,期间由于产业发展原因在 2013 年达到 26.44 万人后,2014 年回落到 25.88 万人。总体而言时尚产业人才总体呈现增长态势,但中间有波动变化。具体如图 1 所示。

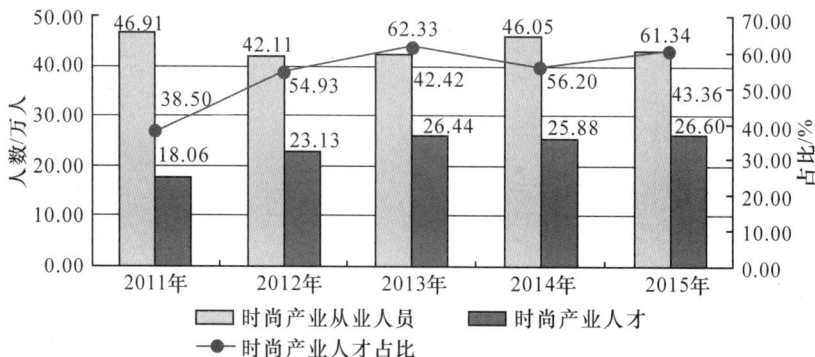

图 1　宁波时尚产业人才总量变化情况

(数据来源:宁波市统计局。)

但对比"十二五"期间宁波市人才总量变化,从 2011 年的 109.1 万人增长至 2015 年的 187.2 万人,涨幅达 72%,可见时尚产业人才集聚仍明显落后于全市人才发展情况。

(2)时尚产业人才结构有所改进,但高层次人才需求较大、引进困难。

为了进一步明确时尚产业人才结构,我们从学历、类别、职称三个层面对当前规(限)上企业人才情况进行分析,具体如图 2 所示。

由于 2012 年及以前对专业技术人员情况没有专门统计,因此,我们重点对 2013 年至 2015 年的数据情况进行分析。从图 2 可见,时尚产业人才学历增长比较明显,大学本科及以上人才占比从 2013 年的 7.73%增长到 2015 年的 9.23%,人才素质总体提升较快。从人员职称和从事岗位看,中级及以上专业技术人员占比一直在 16%徘徊,而经营管理人员总体略有下降趋势。

对太平鸟、博洋、广博等相关重点企业进一步调研后,我们发现当前企业培育和引进的人才更多地集中于生产、营销一线,对于高端设计人才、研发人才、高技能人才等的需求量虽大,但招收难度却越来越大。如对设计方面高层次人才的抽样调查结果显示,每年全市高层次设计人才需求缺口在1000 人以上,但由于缺乏有影响力的产业平台和良好的人才生态环境,即使企业对高端设计人才开出很高的薪酬,也无法吸引其到宁波工作,大部分只能采取体外合作方式进行。

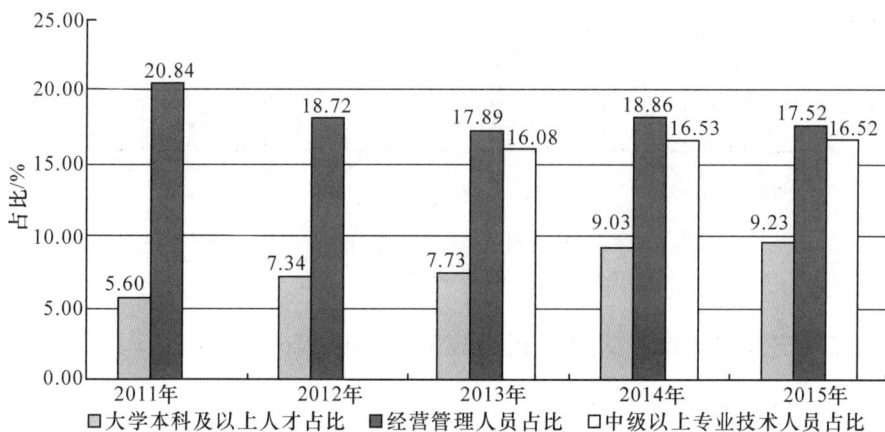

图 2　时尚产业部分类别人才占比情况

（数据来源：宁波市统计局。）

（3）纵向看时尚产业从业人员平均创造价值逐年上升,但横向看产业人才引领作用发挥还不够明显。

宁波时尚产业人员平均创造价值呈现逐年提升势头,年均增幅在 14％左右。在对太平鸟、博洋、广博等重点企业的调研中发现,价值的提升一方面得益于新技术、新设备的应用,另一方面也有赖于对具有技术、高学历人才的引进。

为分析时尚人才的作用,课题组还把宁波时尚产业发展情况与国内其他 14 个城市进行对比（2014 年数据）。从图 3 可见,在这 15 个城市中,宁波的时尚产业从业人员数位居第三,仅比广州、上海少。但从人均创造产值来看,却处于倒数第二的位置,仅比珠海高。通过对产业的进一步分析,我们发现在时尚产业统计口径中,纺织服装、服饰业、皮革、毛皮、羽毛及其制品和制鞋业等是宁波的传统支柱产业,虽然产值较大,但都是劳动密集型企业,一般从业人员较多,人均产值不高,从而导致人均产值与其他城市相比处于劣势地位,这说明宁波时尚产业人才引领作用还需要进一步加强。

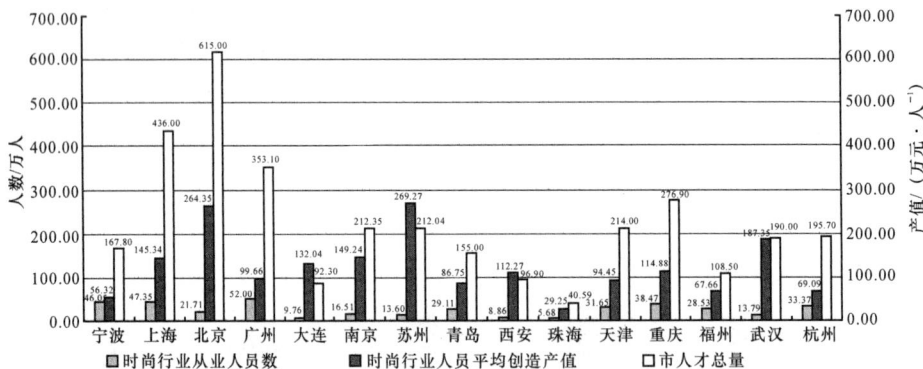

图 3　宁波与国内相关城市时尚产业人才对比情况
（数据来源：《2015 宁波统计年鉴》。）

二、宁波时尚产业人才队伍存在问题的原因分析

（一）产业处于初级发展阶段

宁波时尚产业发展起步较晚，依然以基础制造为主，时尚产业发展尚处摸索期，转型方向和目标还不够明确，导致时尚产业人才发展滞后于整体人才发展步伐，时尚产业发展智力支持不足。

（二）平台承载能力偏弱

从高端时尚集聚平台看，和丰创意广场及其他若干时尚产业园区总体还处于培育阶段，在国内影响力偏弱，承载能力有限，对高层次时尚人才的吸引力不够大。从企业主体情况看，以传统劳动密集型产业为主，高端的设计、传播、经营等市场主体比较欠缺，与其他先进城市相比差距更大。

（三）人才政策支持力度不够大

近年来为了推进时尚产业发展，宁波虽然出台了一些政策和意见，但总体还是零星化、碎片化的，缺少集成性、创新性的人才开发计划，对于推动企业开展时尚产业人才引进培育没有专项性指导政策和相应的细化举措。

（四）人才自主培养能力偏弱

从高校层面看，专业从事时尚产业人才培养的学科专业较少，宁波的 11 所高校每年大约只能培养 1000 名左右的相关人才。从社会机构看，全市专门从事时尚产业人才提升的培训机构不超过 10 家，并主要以服装设计为主，无法有效满足产业人才需要。

三、加快推进宁波时尚产业人才队伍建设的对策措施

（一）着力推进时尚产业人才发展体制机制创新

时尚产业具有鲜明的时代性和特色性,这就要求在推进时尚产业人才队伍建设时要采取创新举措。首先要创新人才管理体制,特别是要充分发挥企业等用人主体在人才培养、吸引和使用中的主导作用。从政府层面加快制订时尚产业发展规划和产业人才发展规划,引导人才市场化配置。其次要深化时尚产业人才引进集聚机制,大力实施市场化的人才引进机制,健全以才引才、中介引才、柔性引才、赛事引才、项目引才、招商引才等引才模式创新,丰富引才集聚渠道。同时探索建立时尚产业发展基金,鼓励社会资本、风投资本参与。此外,要探索形成以用人单位为主导的人才评价机制,深化企业和行业协会、学会等社会组织职称、资格自主评价以及技能人才自主评价的"两个自主"评价机制,让时尚人才由"东家、专家、大家"来评。

（二）加快各类高层次时尚产业人才引进培育

时尚产业作为高端前沿产业,具有强大的品牌影响和高端引领效应。这就要求在推进时尚产业人才队伍建设时,首先要注重领军和拔尖人才的引进,特别是要紧盯高端设计人才,按照"严入口、小规模、重特色、高水平"的原则,实施甬城"设计精英引进计划",对企业引进高端设计人才给予年薪资助,加大对海内外高层次设计人才到宁波创业创新的资助力度,积极吸引高端人才集聚宁波。其次要注重本土高层次人才培养,强化产学研联合协同,鼓励本地高校增设时尚设计类专业学院,重点支持宁波大学、浙江纺织服装职业技术学院开设时尚设计与时尚营销方面的专业,培养紧缺的时尚设计师、时尚买手、时尚与奢侈品管理人才、时尚品牌运营人才等,并选送优秀人才到国外一流科研院所深造,建立中长期培养和定向跟踪培养机制,不断增强自身的造血功能。最后要注重高技能人才培养,时尚产业发展离不开一大批高技能人才的支持,积极实施技能宁波行动计划、高技能人才开发"奥运战略"、港城工匠培育计划等,设立时尚产业高技能人才专项资助,建立健全高技能人才柔性流动和区域合作机制,不断提升技能人才层次。

（三）不断加快时尚产业人才创业创新平台建设

首先要加快推进国际时尚小镇建设。尽快启动宁波市江北区与浙江纺织服装职业技术学院联合创办的中英时尚设计学院的建设。围绕泛老外滩区域,建设由"一院(中英时尚设计学院)四中心(时尚艺术创客中心、时尚文

化互联中心、时尚协同创新中心、时尚生活体验中心)"组成的国际时尚小镇,形成集创意、艺术、文化、商业、旅游体验于一体的宁波标志性新兴时尚特色产业园。

其次要大力推动时尚产业企业平台建设。重点支持省、市级重点培育企业、品牌和企业设计院的创建以及大型时尚活动、人才培养和公共服务平台建设的项目,同时通过引导风险投资和金融机构支持时尚产业集群发展,力求通过加快推进产业升级促进人才引育,以人才集聚促进产业转型提速,不断提升时尚产业人才承载力。

最后要着力打造名家工作室等高端人才平台。着眼国内、国外高层次时尚产业人才,以和丰创意广场、128创意园等为依托,建设以各类设计人才为主体的名家工作室,吸引高端人才集聚,提升时尚产业开放化程度。

(四)切实加大时尚产业人才发展生态环境建设

时尚产业人才对于发展环境的要求相比一般人才更高,情感因素更重,这就要求我们更加注重整体人才生态环境的建设,力求以事业留才、以情感留才。开展专项人才服务需求调研,深入掌握时尚人才生产生活中的实际需要,为提供针对性服务夯实基础。加快推进人才发展服务链建设,建设时尚人才服务联盟,通过政务服务与市场服务有序分工、良性互动,全面整合各类人才服务资源,构建以公共服务引领社会服务为主的人才发展服务链,优化人才住房、家庭和医疗服务保障,切实营造良好的人才服务综合环境。加快推进时尚产业人才国际社区建设,在外滩、东部新城、南部商务区等区域建设若干个时尚产业人才集聚居住社区,切实提升人才归属感。

作者:浙江纺织服装职业技术学院　魏明
整理:宁波市社科院文化研究所　陈珊珊　陈建祥　张英

索　引

后　记

本书是"宁波市时尚经济发展研究基地"二期项目研究的初步成果。

参加本书编撰工作的都是我院教师。前言由基地首席专家冯盈之教授执笔撰写,导言和第一章由吴颖撰写,第二章由吕秀君、聂沛撰写,第三章由夏春玲撰写,第四章由毛明撰写,第五章由杨文明撰写,第六章由张艺撰写,第七章由张劲英撰写,第八章由魏明撰写。全书的统稿工作由吴颖老师负责。

基地首席专家冯盈之教授负责本次项目的规划、申报及诸多组织工作,并审读了本书全部内容。

本书在撰写过程中得到了宁波市社科院领导以及基地主任、本院院长王梅珍教授的热忱关怀和支持,得到了宁波市社科院副院长陈利权博士、科研处处长方东华博士、文化所所长陈建祥、研究员陈珊珊、研究员张英的多方面指导与帮助,宁波市人民政府发展研究中心人才资源研究所原所长赵全军先生和宁波日报李磊明先生也给我们提供了宝贵的指导意见。

由于这类研究目前少有,我们又缺乏这方面经验,本书在内容方面难免有疏误之处,我们恳切祈请专家、读者多给予批评、指教,以便今后修订,使此书得以不断完善。

本书的出版得到浙江大学出版社编辑的耐心帮助,在此一并感谢。

最后诚挚感谢为本研究成果付出辛勤劳动的所有参与者!

浙江纺织服装职业技术学院课题组

2017 年 6 月